キレイの継続

年齢であきらめない！ ココロとカラダの作り方

冨田リカ

Rika Tomita

清流出版

「キレイの継続」

Contents

目次

Contents

Contents

Contents

行動科学でエイジレスな生き方を

読者モデルを続けていくうえで、私生活からいろいろと節制し、体型を保ち、肌の調子を整えるのが大変ではありませんか、という質問をよく受けます。

しかし、私はもともときっちりした性格ではありません。かなり飽きっぽいところもあります。根気とか根性とか、肩に力が入るような言葉はあまり好きではないのです。もちろん歳を重ねるなかで、ときにそれが必要で、いかに素晴らしいことかわかっているつもりです。でも、普段は肩肘張らずに人生をゆっくり味わって、自然体で生きていきたいと思っています。

こんな私が年齢を重ねながら、今も読者モデルとして活動させていただけるのは、本当にありがたいことです。そこに何か秘訣があるとしたら、「自律」と「自立」の精神を大切にしてきたこと。そして、自分でも気づかないうちに自分にとってよい習慣や考え方を積み重ねてきたからではないかと思っています。もちろん、周囲の方々の支えや励ましがあってこそ今の私があり、とても感謝しています。

Prologue

五十歳を目の前にして思うことは、これからの人生、女性として、人間としていつまでも輝いていたいということです。何歳になってもキレイでいること、これはどんな女性にとっても大きな願望であり課題ですね。

年齢を重ねれば、当然、老いがやってきます。この老いから逃れることなんて誰にもできません。

最近は「アンチエイジング」が注目されていますが、私はこの言葉に少し抵抗があって、「エイジレス」という言葉を昔から使っています。つまり、年齢を重ねることはとても自然で素敵なことですから、「アンチ（抗う）」である必要はないのです。

歳を重ねるほどに残された時間は短くなりますが、それはごく自然なこと。自分の歳を受け入れつつ、これからの人生をどう充実させていくかを考える。いくつになっても、その年齢なりの美しさがあるのですから、年齢なんかにこだわらず、いつまでも輝き続けるエイジレスな女性になりましょう！

外面だけを磨くなら、お金をかければある程度のことはできるでしょう。しかし、お金に頼らずにカラダや美容によい習慣を続けていくことが、本当の意味でキレイになることではないでしょうか。それは、誰でも、何歳からでも実行できることなのです。

もちろん、外見だけではありません。ちょっとした意識のもち方を変えていくだけで、人生は充実し、その人を内面から輝かせるはずです。意識が変われば自ずと行動も変わり、行動が変われば人生が変わっていきます。

これは、行動科学という、アメリカ生まれのマネジメント手法を私なりに解釈したものです。私が行動科学を知ったのは、今から五年ほど前のこと。仕事の合い間の時間つぶしに、普段はあまり入ることのない書店にふらりと入って、一冊の本が目にとまったことがきっかけでした。

青い装丁のその本には、書店員さんの手書きのポップに「売れています！」とありました。タイトルは『「続ける」技術』。「へー、こんな本が売れているんだ」と、「続ける」ことの重要性について特に意識したことがなかった私は、「世の中、物事を続けられないことや三日坊主に悩んでいる人がそんなに多いのかしら」と興味を覚え、何となく気にかかって購入したのです。当時、大学に社会人編入して人間科学部で心理学を学んでいたのも、手にとった理由だったかもしれません。

読んでみると、行動科学を応用した「続ける技術」がとてもわかりやすく頭に入ってきました。私の無意識にとっていた行動が、著者の石田淳《じゅん》さんの理論で裏づけされているような箇所もあり、ウンウンと納得しながら一気に読みました。意外にいい習慣が身についていたのだなと自信になった部分も多くありましたし、自分に足りない部分もわかりました。

その一年後に思いがけず、ある人の紹介で石田さんにお目にかかる機会がありました。奇遇にも共通の友人がいることがわかって意気投合し、その後も何度かお話をさせていただくようになりました。ビジネスの興味深いお話をうかがい、ほかの著書も読ませていただいて、石田さんの提唱する、「行動科学」という言葉、その理論について興味が湧いてきました。「人生は行動あるのみ、一歩が道を開く」という考え方の私に、ぴったりフィットしたのだと思います。その後も石田さんがメールなどでわかりやすく説明をしてくださいましたので、基本的な部分は理解できたと思います。

石田さんからお話をうかがってメールのやりとりをするうちに、考えてみれば私自身、ある種の起業家なのだと気づきました。仕事という意識が希薄なので、私はプロダクションに属さずに一人でマネジメントをしてきました。あれこれ世話を焼いてくれるマネージャーもいませんん。雑誌をはじめ、イベント、テレビなどの場をいただきながら、身の回りのことはほとんど自分で調整し、冨田リカとしてやってきたのです。

セルフマネジメントとは何もビジネスだけではなく、普段の生活でできることです。限られた一度きりの人生をどう自分らしく生き、どう楽しむかを意識するのです。自分を客観視してどのようにマネジメントしていくかは、キレイを継続していくうえで重要なキーワードになります。

この本では、私の経験や習慣、人生に対する考え方を紹介します。そして本文中にコラムをはさみ込んで、初歩的な行動科学のメソッドを読者のみなさんに応用が利くようにわかりやすく解説します。

誰でも実践できて、多くの女性に同じように効果が出る行動科学の素晴らしさに気づいていただければと思います。最後までおつき合いいただければ幸いです。

——美は一日にしてならず。

みなさん、あまり肩肘張らずに人生を楽しみながらキレイを手に入れちゃいましょう！

二〇一一年　初秋

冨田リカ

Chapter 1

輝き続ける女になる

カラダより、まずはココロを若く保つ

〝若さ信仰〟から脱却する

仕方がないことなのですが、女性は（最近では男性も）美容に関してほとんど外面的な部分に関心が向かいやすいようです。どんな化粧品を使えばいいのか、コーディネートの極意や一〇歳若返る化粧法などなど、テレビや女性週刊誌を中心にそんな情報が溢れています。しかし、表面ばかりをいくらとり繕っても、いつかメッキははがれ落ちてしまうでしょう。

まずは適度に運動をしてカラダによい食べ物をとり、カラダの内側からキレイになることが重要です。それ以上に重要なのが、年齢にとらわれず自分を小さな枠にはめこまない自由で柔軟なココロを保って内面から輝くこと。

実年齢よりも一歳でも二歳でも若く見られたい。これは女性の永遠のテーマでしょう。日本の男性が女性に抱く〝若さ信仰〟も無関係ではないと思いますが、私はもっと、日本の女性がこの若さ信仰から自由になる必要があると思います。

海外、特にイタリアやフランスに行くたびに、年配の女性たちのエイジレスな生き方に目を奪われます。安易な若作りなどせずに自分に合ったお化粧をして、ファッションは自分流のコーディネートで、立ち居振る舞いも颯爽《さっそう》としている。そこに自信が感じられるのです。**流行に流されない「私は私」というその自信が、実年齢以上にその人を輝かせ、美しく見せているのではないでしょうか。**

化粧品や装飾品、流行をとり入れた服などは、女性にとってはもちろん大切なアイテムです。多くの女性には変身願望があり、ファッションは子どものころから親しんだ「リカちゃん人形」の延長で、自分を着せ替え人形に見立てて楽しんでいる側面があります。

この遊びの要素は人生に欠かせません。ただ、それはそれとして、漠然と外面をメッキするのではなく、カラダの内側から、ココロから輝くことこそ大切なのです。

〝ミッドライフクライシス〟を軽やかに乗り越える

ご存じのとおり、日本人の平均寿命は年々上昇し、今や女性は八十六歳で堂々の世界第一位。男性も七十九歳で第四位。男女平均でも八十三歳と日本は世界有数、いえ世界一の長寿国です（二〇一〇年現在）。

この「人生八十年時代」をどう生きるかは、日本人、特に折り返し地点の四十代女性にとっては大きな課題になりつつありますね。

これからの人生をどうプロデュースしていくかは、みなさんそれぞれの価値観や幸福感とも直結する問題です。**高度に情報化が進む社会のなかで「流されない」で、自分の意志で未来を「切り開く」ためには、受け売りではない自分自身のものの見方やアイディアが必要になってきているように感じます。みなさん一人ひとりが、それぞれの人生のプロデューサーなのです。**

人生は自分のイメージする方向に進んでいくものだと思います。必ずしも予定通りには進みませんし、まわり道もしますが、だから人生は面白いし、自分なりのビジョンをもって、それを指標にして生きていくことが大事なのではないかと、私もこの歳になって強く思うようになりました。

私が思いがけず雑誌『ＳＴＯＲＹ』の読者モデルとして活動させていただくように

なったのが、四十一歳のとき。じつは、この少し前に私は「中年の危機」、いわゆる〝ミッドライフクライシス〟に直面していました。

自由に人生を謳歌した二十代、主婦という役割に一生懸命だった三十代、そしていざ四十代になってみて、多くの人がそうであるように、ふと「私の人生はこれでいいの？」と自問したのです。心理学者のユングが「人生の正午」と呼んだ四十代に入って、無限にあるように思っていた人生の時間が、じつはそれほど長くはないと気づき、多少焦っていました。

縁あって読者モデルとして活動するようになり、おかげさまでその後も活動の幅は広がっていきました。未知な領域ばかりで戸惑うことも多かったのですが、もち前の好奇心と負けん気、そして責任感で何とかやってきたというのが正直なところです。

私生活でも、マラソン（これは雑誌の企画でもあり、半分お仕事ですが）、社交ダンス、そして四十三歳での大学への社会人編入など、さまざまなことにチャレンジをしました。そのどれもが、物事を始めるのに遅いなんてないんだと、実践しながら学べることばかりでした。

ピンチはチャンスでもあります。人生の曲がり角を迎えたとき、どう行動していくかはその後の人生を大きく左右します。

いつだって前向きにチャレンジ!

「リカさんって、すごくプラス思考だね」とか、「いつも前向きだね」と言われることがあります。「リカさんは自信があっていいよね」なんて言葉もよくかけていただきます。でも、私は全然特別なんかじゃありません。むしろ、自分ではかなりニュートラルというか平均的な人間だと思っています。

ただ自分を、プラス思考・前向き思考に仕向けるように、ほんのちょっと心がけているだけなのです。何もやらないで後悔するより、何かをやって失敗するほうがいい。失敗した過去は原因の分析はしても、決して引きずりません。経験としてココロの片隅にそっとしまっておく。ともかく前のめりで、倒れるときも前向きに……。

だって人生は一度きりです。すべてが思うようにいかなくても、自分の人生なのだから、自分が自分の主《あるじ》になって生きていきたいじゃありませんか。**何かが上手くいかなくても言い訳はしたくありませんし、誰のせいにもしたくありません。自分が選びとった人生なのだから、責任は全部自分にあります。愚痴を言えば自分に全部跳ね返ってくるだけ。**

それに、誰かの目を必要以上に気にしたり、誰かの価値観をそのまま信じて従ったり、自分に過度に規制をかけて自己保身をしながら生きても、息苦しいだけではないでしょうか。ストレスという負荷がずっと続けば、どこかで爆発するんじゃないかと思います。

人に迷惑をかけなければ、ちょっとくらい「自己チュー」でもいいと思いますよ。若い世代を含めて、日本人は自己肯定感が低すぎるようです。これは幼児体験や教育が影響しているのではないでしょうか。「これができた」という加点法ではなく、「これができない」という減点法の悪しき面が表われているのでしょう。

ともあれ、さまざまな悩みや問題点があるにしろ、まず今の自分を受け入れるところが出発点です。自分の現状をいいも悪いも含めて、まずは丸ごと肯定するところからすべてが始まると思います。

そのうえで、未来を志向して生きていくためには、やはり前を向いていきたいもの。過去も大切だけれど、そこにとどまっていてはいろいろな感情に絡めとられて身動きがとれなくなってしまいます。下を向かないで、あごをグッと上げて、しっかり前を見つめて歩き出しましょう。

外見の老いは潔く受け入れる

プロローグにも書きましたが、老いは誰にでも平等に訪れるものです。しかし、同じ年齢を重ねても、若く見える人と老けて見える人がいることも否めない事実。

では、必ずしも若く見えることがよくて、老けて見えることが悪いことでしょうか。仮に、「若い＝健康・魅力的」、「老い＝不健康・醜い」という公式が成り立つなら、若いほうがいいに決まっています。でも、「○○さんって若く見えるよね」の「若い」とは、ときに「幼い」と同義だと思うのです。これはちょっと問題です。

私は仕事柄、実年齢よりも若く見られることが多いのですが、手放しでは喜べません。もちろん、「健康的ですね、魅力的ですね」というニュアンスでほめていただいた場合は別の話……。いずれにしても、「ああ、私はまだまだ未熟なんだな。よし、もっと魅力的に歳を重ねてやるぞ！」と前向きにとらえるようにしています。

シワは、人生の年輪といいます。ちょっと古い話になりますが、村上春樹さんのベストセラー小説『ノルウェイの森』に、レイコさんという素敵な中年の女性が登場します。この人のシワが、とても魅力的に描写されていて感激しました。内面の素敵な人は、シワまで素敵。この本を読んだ当時、私もレイコさんのようなチャーミングなシワを刻んでいきたいと思ったのを覚えています。

ですから、ブログには、あえてノーメイクの顔を出すこともあります。同世代の女性への私なりのメッセージのつもりで。しかし仕事柄、写真撮影やテレビ出演時にノーメイクではいられません。ある程度は必要悪？　かな。ほうれい線が深くなると見た目が一〇歳以上老けるとも聞きますから、毎日シワをなくすケアをしている人の気持ちだってわかりますよ。かく言う私も毎日一生懸命やっていますから……。

外見を美しく保つのは、女性のたしなみであり、マナーだと思います。見た目にこだわるのは大事です。ただし、自然な現象に抗っても勝ち目はありませんし、過ぎた時間を巻き戻すこともできません。シワをはじめとした外見上の老いを必要以上に恐れないこと。それよりは、若さへの執着を捨てて未来を向いたほうが、ココロが軽やかになります。

それでも毎日のケアは欠かさない

老いを漫然と受け入れて、何のケアもせずに年齢に任せて放っておけばいいかというと、それは違いますよね。**老いを受け入れるのと、キレイを放棄するのとは、まったく別のことですから。**

いくつになっても、肌のお手入れは、毎日きちんとケアしていくことが基本。歳を重ねるほどに肌の回復力は弱っていきますので、むしろ若いときよりもきめの細かいケアが必要なのです。できることをちゃんとやったうえで、その年齢なりの美しさを追求する、それが理想です。

スキンケアだけではありません。全身の運動だって必要ですし、カラダの内側から健康に、キレイになるためには規則正しく、栄養バランスのとれた食事と疲労回復につながる質のいい睡眠が必須です。さらに自分に合った化粧品との出合い方、つき合い方も重要でしょう。

ただ、あまりストイックになりすぎるのはどうでしょう。「あれもやらなきゃ」「これもやって……」と自分を追い込みすぎてストレスをためてしまっては逆効果に。

ここだけの話、じつは私、夜中にお腹が減って目が覚めてチョコブリオッシュなどを食べてしまうことがあります。甘いパンに目がない私は常時、家にパンをストックしているのです。「最近食べすぎたかなあ」と思えば、別のところで差し引きすればいい。摂取カロリーを一日単位で考えるから苦しくなりますが、たとえば一週間単位で考えてみてはどうでしょう。ぐっと楽になってココロに余裕がもてますよ。

私は五十代を前にして、生活習慣をリセットしました。現在は、必ず夜の九時にはベッドに入って一一時前には眠りにつくようにしています。起床時間はだいたい七時。四十七歳くらいまでは不規則で、そのときの環境や状況に合わせて遅く起き、ゆっくりブランチという感じでしたが、今は毎日八時にしっかりと朝食を食べるようになりました。年齢によるカラダの変化に合わせて、習慣を変えていく柔軟さがほしいですね。

具体的には三章に、私なりの食習慣やカラダのケアを記しましたので、参考にしていただければ嬉しいです。

失敗の数だけ成長がある

幼いころの私はカラダが弱く学校も休みがちで、やや内弁慶なところがありました。でも、高校生くらいになると、母の愛情のおかげでカラダは丈夫になり、態度も大きく? なっていました。というか、人と群れることが嫌いで外見が派手だったものですから、クラスのみんなからちょっと特別視されたみたいです。みんな「ちゃん」づけで呼び合うのに、私だけ「リカさん」って呼ばれていましたから……。

高校時代は放課後や休日に電車とバスを乗り継いで、原宿や渋谷などに繰り出して友達と遊んでいました。ある日、先生に見つかってひどく怒られたのを覚えています。もっとも、要領よくテストの成績だけはよかった私は、友達に比べてそれほど怒られずにすんだのですが。

短大を出て、二十歳から二十五歳まで幼稚園の教諭として働いていました。でも、この職業にしては珍しく派手なタイプだったためか、上司からは目をつけられていましたね。もちろん、仕事で手を抜くなんてことはありませんでしたが、終わればフリータイムです。

仕事終わりには、幼稚園の出口近くのトイレで着替え、そのまま六本木などのディスコに直行。私はお酒が飲めないので、二日酔いをすることはなかったのですが、寝坊はしました……。焦ってバタバタと身支度を整え、意地でも遅刻だけはしませんでしたけれど。

週末になるとジープにセールボードを載っけて仕事場へ行き、仕事が終わると「さようならー」って鎌倉の海に向かうのです。海に近い県営駐車場に車をとめて、仲間と夜通しパーティー。で、朝日が出たら波に乗るんです。短大時代はヨット部だったので、ウインドサーフィンなどのマリンスポーツが好きだったんですね。

若気の至りというか、よく遊びました。もちろん、若いときは遊びも必要ですが、体力にまかせて度がすぎ、健康的な生活にはほど遠い感じでした。

若いって、いいことばかりでありません。精神的な未熟さゆえに失敗がつきもの。もちろん、失敗があるからこそ成長があるのですね。

今は早く歳を重ねて、どっしりしているけれど、ものわかりも口当たりもよくない、かっこいいお婆ちゃんになりたいなあ。

輝いて生きる女性をバックアップ――行動科学とは

女性にとって三十代、四十代は、人生の目標も定まり、会社でのキャリアアップや家事・育児など毎日の暮らしを確立する時期。そのほかに、自分を磨くための資格取得や外国語などのレッスン、趣味の習い事、美しいカラダを手に入れるためのトレーニングなど、さまざまなことに意欲的にとり組んでいる方が多いようです。

しかし同時に、「いろいろチャレンジしているけれど、挫折や失敗が多い」「チャレンジしたいことはたくさんあるけれど、なかなか行動に移せない」「どうすれば物事がもっとうまくいくのだろう」と悩んでいる方も多いのでは?

そんな方のために、いくつになっても輝いて生きるための行動をバックアップし、継続させる方法があります。それが「行動科学」です。

行動科学は、アメリカのビジネス界で絶大な成果を上げ、ボーイング社など大手の会社をはじめとしてマネジメント手法として広くとり入れられています。仕事を効率的にマネジメントするだけでなく、その手法は、充実したライフスタイルをセルフプロデュースするためにも大いに役立つものです。人間の行動そのものに着目し、どのような心理状態や環境のもとで、どういう行動をするのかを科学的に分析。そこから法則性を導き出し、逆にどのような条件が整えば人間は行動を起こしやすくなるのか、その行動を続けやすくなるのかを導き出します。

「行動を科学する」というと難しそうですが、根本原理はすごく簡単。「人間は楽しいことなら気軽に実行でき、しかも頑張らずに続けられる」というものです。

行動科学の最大の特徴は、精神力や根性は不要で誰でも同じような効果を得られるということ。「いつ、どこで、誰がやっても同じ効果が得られる」、つまり「実験再現性」と「検証性」のある科学であるという点です。こうなりたいという目標に、段階を踏んでしかも楽しく近づいていくメソッドなのです。

たとえば、「資格試験や外国語のスキルをアップする」「ダイエットやファッション改造で美しくなる」など、自分がこう変わりたいと思うことや、「子どもの成績を伸ばす」「部下を育てる」など、教育分野にも応用可能です。

行動科学のメソッドを身につけ、実践する――。それが憂鬱なミッドライフクライシスを、光り輝くビューティフルライフに変貌させる第一歩となるでしょう。

Step 1「客観力」を身につける

主観と客観のバランスをとる

まず、鏡に向かって自分の姿を映してください。できれば全身が映る大きな鏡がいいでしょう。鏡の中の自分はキレイですか？　どんな表情をしていますか？　やせていますか、それとも太っていますか？

いろいろな答えがあると思います。では、果たしてその答えは真実でしょうか。鏡は嘘をつきません。でも人間のココロは、先入観や気分、体調によって鏡に映った自分の姿さえゆがめてしまいます。

だからこそ、物事を客観的に見る力が必要なのです。人間は主観に偏ってしまいがちです。それを避けるためにココロの外側に、基準が必要となります。私にとっての基準は母親です。人によっては恩師とか、私淑する作家とか、好きなタレント……さまざまでしょう。とにかく、自分にとって基準・規範となる「モデル」を見つけることこれが重要だと思います。

私の母は、いわゆる古風な人で、専業主婦として私を育ててくれました。育った時代、環境や価値観も違うのですが、やはり女性として人間として私に影響を与え、いくつになっても「かなわないなあ」と思わせてくれる存在です。一方で、いわゆる男尊女卑の価値観の時代に耐え忍んできた女性でしたので、私にとっては反面教師でもあります。

「モデル」を見つけても、そのコピーを目指す必要はありません。コピーになるのなら、あなたの存在価値がなくなってしまいます。モデルとはあくまでも一つのカタチであり、それを基準に自分なりのアレンジをほどこしていく。アレンジとは、その人なりの創造力をプラスして、メイク、ファッション、ライフスタイル、そして人生全体をプロデュースしていくということです。

主観と客観のバランスは誰にとっても難しいものです。周囲はよく見えても一番見えにくいのが自分。でも、つねに自分を客観的に見るように心がければ、自然と他人への愚痴や悪口も減ってくるでしょうし、他人のことをとやかく言う前に他山の石として、自分磨きが大切だと気づくのではないでしょうか。

一人SM（セルフマネジメント）のススメ

私が多少「人と違っているのかな」、「私って変わってる？」と感じるのは、自分をつねに離れた視点から見る習性というか、クセがあるからでしょうか。昔から、私には醒めた部分がありました。小学生のころまで、小児喘息《ぜんそく》を患っていてカラダが弱かったことと関係があるのかもしれません。「私は私、人は人」という考え方がそのころから身に染みついているように感じます。

私は自分に足りないこと、自分の苦手なことをある程度正確に把握しているつもりです。あるいは普段からそこを意識するようにしています。ですから、あえて自分の苦手なことを自分に強いることもあります。短大卒業時に、航空会社のキャンペーンガールが内定していました。じつはそのころは幼い子どもに接するのが苦手でしたが、幼稚園の教諭という道を選択しました。

そのときには「この子（私）はまったく未熟だから、今、人様からちやほやされるとよくない」と考えたのです。

すこし変わったたとえですが、私のなかに上司と部下がいて、管理し管理されながらうまくまわっているイメージです。（自分らしく生きるという）目標達成に向けて自分で自分を叱り、褒める。飴とムチを自分で自分に使い分けるのです。まさに〝一人ＳＭ〟ならぬ〝一人（セルフ）マネジメント〟。今も無意識のうちに楽しんでやっています。

平穏な生活が続くと、なんだかムズムズしてきて、ときどき自分にカツを入れるため、新しいことにチャレンジするのです。私の場合は極端かもしれませんが、誰にでもそういう傾向があるのではありませんか？　マラソンランナーを見ているとそう感じます。自分もマラソンに挑戦したことがあるからわかるのですが、目標を設定する自分と、それに向かって一つ一つ練習をクリアしてゴールへ向かう自分がいます。いくら優秀なコーチがついていても、結局走るのは自分です。

弱気な自分、強気な自分、情けない自分、がんばり屋な自分……走っているといろんな自分に出会います。人にはいろいろな要素があるのです。そんな自分の多様な面をうまく統合し、束ね、コントロールするのが客観力だと思います。

人生を一〇年単位でとらえてみる

今、あなたが三十代なら、十代、二十代を振り返ってみてください。おそらく、十代は青春の甘酸っぱい時期であり、思春期を迎える多感な時期ですからひと口では語れない思い出の宝庫でしょう。二十代、社会に出て経済的にも自立する時期であり、社会人として仕事を通して多くの人と出会い、磨かれた時期ではないでしょうか。

では、これから訪れる四十代、五十代、六十代……をイメージしてください。いかがですか？　明確なイメージは現われますか？

独身か既婚か、共働きか専業主婦か、子どもの有無などの現在の条件によってその見え方も違うでしょう。どんなビジョンであれ、つねに一〇年後の自分がどうなっているか、いえ、一〇年後にはどうなっていたいかをイメージすることが大切です。**その効用は、ビジョンに近づくために現在の自分に何が足りなくて（自己評価）、何をするべきか（目標設定）が明確になることです。**

三十代の女性が八十代の自分をイメージするのは不確定要素が多すぎて現実的ではありません。漠然と、「みんなに愛されるお婆ちゃんになりたい」くらいでいいと思います。あなたが三十代なら、自分の四十代の具体的なビジョンをもつことをお勧めします。

私の場合は、二十代は「遊び、仕事」、三十代は「いい奥さん、専業主婦」、四十代は「自分磨き」がメインテーマでした。では、五十代のテーマは何か。ずばり「愛」です。愛といっても、恋愛だけではなく、もっと大きな意味で愛情や包容力を培っていく女性になりたいと思っています。その意味では、四十代の「自分磨き」というテーマは、この先ずっと私のなかで大切なテーマであり続けるでしょう。

年上の友人をもつ

客観力にはもって生まれた性格によって多少の個人差があるようです。しかし結局、他人と関わるなかで磨かれるものなのです。ですから、いろいろな人と関わる、いろいろな考えに触れることが何より大切でしょう。

友達は多いに越したことはありません。私自身、男女年齢を問わずたくさんの友人がいて幸せだと思います。

しかし、たとえばママ友や会社の同僚など、年齢や価値観、置かれた環境が近い人ばかりが集まるのはどうでしょうか。共感しやすく気楽ではあると思うのですが（逆に息苦しいことも）、啓発されることは少ないのでは？

私はできるだけ若いうちから、自分と違った価値感やものの考え方に触れたほうがいいと思っています。年上の人と親しくなれば、お話をするなかで、食事をご一緒するなかで、世の中にはこんな考え方があるのか、こんな場所があるのか、こんな物事の解釈の仕方があるのかと、新たな発見や感動があって、世界がぐっと広がります。

私が母を一種のモデルとしているように、年長者からいろいろなことを教えてもらうのです。もちろん、すべてをそのまま受け入れることはありません。あくまでも自分で判断していくことを忘れずに。年上だから正しくて、年下だから間違っているなどということはありません。

仕事などの利害関係のない年上の友人は得がたいものです。ただ単に困ったときに助けてもらえるということではなく、**人生の先輩がどのように人生を生きているのか学ばせてもらうのです。自分よりも一〇年、あるいは二〇年年上の友人がいれば、自分の一〇年、二〇年先がおぼろげにでも見えてくるものですよ。**

行動科学で「客観力」UP

物事を始めて、続けていくためには、明確で具体的な「目標」が必要です。たとえばそれが「幸せになりたい」という漠然とした目標では、何をどうすればいいのかがはっきりとわかりません。また、目標達成に向けての計画や方法論が曖昧だと、効果が上がっているのかそうではないのかも〝何となく〟という程度にしかわからないものです。こうした曖昧さや、どうにでも解釈できる主観的視点を極力排除しましょう。

まず、目標に対して、今の自分には何が足りないのかを偽ることなく正しく判断・分析します。そして次に、「なぜそう変わりたいのかの確認」「目標達成のためのスケジュール」「どういう行動によって目標達成するのか」などを明確にします。

ここでのポイントは二点、「他人にわかりやすく説明できるくらいまで、しっかり考えておくこと」「自分が行動したプロセスや成果をグラフなどで表わし、ひと目でわかるようにすること」です。

目標が「ダイエット」であれば、言うまでもなく、現状把握が必要です。現在の体重が何キロで、目標とする体重は何キロか。

次に、なぜダイエットの必要があるのか↓（例　この一年で体重が増え、九号だった洋服が一一号になってしまったから）。

そして、目標を何キロに設定し、いつまでにその目標を達成するのか↓（例　一年で五キロ増えたので、半年で五キロ減らす）。

最後に、具体的なダイエットの方法を決定します↓（例　週に三日、一〇キロのウォーキング、一日の摂取カロリー管理など）。


このような客観化が必要な理由は、目標達成のためにはどれだけの行動が必要かを整理し、理解するためです。さらに行動に移したあとも、行動そのものやそれによってもたらされた変化（体重）を計測することで、「どれだけ実行できたのか」「効果が出ているのかいないのか」を検証し、もし効果が出ていない、つまり方法が間違っていれば速やかに軌道修正を行なうためです。

Step 2「実行力」を身につける

「他力志向」ではなく「自力志向」でいく

今の自分を分析して、足りない部分がわかったら、それをどう改善していくのかが次の課題です。ダイエットなど、美しくなるためのさまざまな努力をはじめ、自分の可能性を広げてくれそうな趣味、仕事のスキルアップのための習い事など、改善する部分は人によってそれぞれ違うでしょう。恋愛だってその一つかもしれません。確実に言えるのは、自分から行動を起こす「実行力」がなければ、現実は何一つ変わりはしないということ。

状況はつねに変化していきます。ただ、自分に都合よく変わっていくことはほとんどありません。それどころか、一寸先は闇。誰も確実な未来など予測できないのです。最近の私たちは便利な世の中になって、お金さえ出せば快適な暮らしが手に入ると思ってしまいがちですが、果たしてそうでしょうか。目の前の欲望は満たせたとしても、お金で本当の快適、つまり幸福感は得られないような気がします。

「実行力」をはじめ、「客観力」「継続力」も、すべてお金で買えるものではありません。この三つの力を手に入れようと思えば、結局、自分で自分を変えていくしかないのです。誰かに言われたからやるものでもないし、誰かがやってくれるなんて思うのは言語道断。人生は、「他力志向」ではなく「自力志向」でいきましょう。

恋愛などの「相手のあること」は、「他力志向」にならざるを得ない部分は確かにあります。でも、私たちが日々の暮らしで抱える悩みのほとんどは、自分の意思と行動で解決できる問題だと思います。女性も三十代をすぎると皮下脂肪がたまりやすくなり、注意が必要ですね。さらに三十をすぎても他人に依存する性質でいるとしたら、ココロのメタボリックです。至急、カラダもココロもダイエットが必要！

自分の足で、自分の意志で最初の一歩を踏み出す。人生はそこからしか変わっていきません。

思い切って最初の一歩を踏み出す

目的は定まったけれど、さて最初の一歩を踏み出すとき、なかなか腰が重い人が多いようですね。私だって何かにチャレンジするとき、必ずしも最初から軽やかに動いているわけではありません。何を始めるのかにもよりますが、最初はやはり「えいやっ」って自分を鼓舞して動くのです。このかけ声が「よっこいしょ」にはならないように気をつけながら。

最初の一歩を踏み出す力、これは重要です。若いころは幼稚園に就職し、最近まで幼児教育の塾を主宰して、子どもたち、特に幼児に接する機会が多かった私は、よちよち歩きの幼児を見ていてその大切さに気づきました。**まず一歩、するとその勢いで次の一歩を踏み出します。そしてまた一歩と、だんだん勢いがついていくんですね。**

人間は歩き出すとき、誰に教えられるわけでもありませんが、生後だいたい一年くらいするとつたい歩きから、両手を離した状態でヨチヨチと歩き出します。この最初の一歩は親にとってはまさに感動の一瞬。残念ながら私たちはこのころの記憶をもっていません。でも、幼いながらに自分の力で、二本の足で動き出せた喜びと感動は記憶の底にしっかり残っているかもしれませんね。

車もとまった状態から走り出すには大きなエネルギーが必要になりますが、一度走り出せば、慣性の法則によって少ないエネルギーでスムーズに進んでいきます。飛行機だって鳥だって、飛び立つまでは大変ですが、いざ気流に乗ってしまえば、あとはあまりエネルギーを使わなくてすみます。

人間のがんばれる力、つまりエネルギーって、私はある程度決まっているんじゃないかと思います。限りある資源をいかに大切に使っていくか——。まるでエコロジーの発想みたいですが、省エネというだけではなく、いざというときに爆発的な力を発揮できるように備蓄しておくことが重要。そしてせっかく与えられたエネルギーを上手に使いきる生き方が理想です。

恐れず、行動しながら考える

人間は成長とともに段々と知恵がついてきます。そして経験を積み重ねることによって、学習し、よりよい方向を探るのです。でも、いいことばかりではありません。経験を積むなかでは、当然失敗もあります。**一番重要なのは、失敗をしたときです。失敗の程度にもよりますが、トラウマにするか次へのステップのバネにするかでその後の人生も変わっていきます。**

実行力がない人は、つねに動かなくていい「言い訳」を探しているように思えます。「あれをやったら危ない」「これをやるとあれができない」。行動を起こす前に結果を（ほとんどの場合悪いほうに）思い描いてしまって、自分の可能性をすべて閉じてしまう。そうではなく、ともかくやりたいこと、やらなければならないと判断したことがあったら、ともかく一歩を踏み出しましょう。

いろいろな壁に突き当たることになるでしょう。**でも、あらかじめあれこれ考えて行動するのではなく、壁に突き当たったときに考えればいいのです。**人は窮地に立つほど「火事場のなんとか力」が湧いてくるもの。前向きにガッツ（ちょっと古い？）で乗り越えれば、その先におのずと新しい道が開けてくるはずです。頭だけで考えるのではなく、カラダも使って考えるのです。

それでも乗り越えられそうにないピンチに陥ったときには、なぜそんな状況になってしまったのか、一度スタート地点に立ち戻って客観力を使いながら冷静に出発点と現状を分析します。

そのとき、自分に何が足りなかったかがはっきり見えてきます。行動を起こしてこ

そ、**本当の自分、つまり等身大の自分が見えてくる。**そして足りないものが応急処置ですむのなら、処置をしてそのまま進む。時間のかかる大きな問題ならば、勇気をもって撤退する。新たに進むべき方向を修正していけばいいのです。

最悪の状況を想定する

何か新しいことにチャレンジするとき、迷いや不安はつきもの。これは人間にとってごく当たり前のことです。たとえば、未経験の領域に踏み込むとき、緊張し血圧が上がり発汗しやすくなります。人間の防御本能は、未来にあるリスクを恐れ、突飛な行動を抑制します。

私は新しい物事にチャレンジするときには、つねに最悪の状況を想定するようにしています。わかりやすく言えば、人生の岐路、転職や起業を考えたとき、失敗したときのイメージを頭に映し出してみるのです。

それでも、再起できる、資金をどう運用すればダメージはこれだけですむ、などと考えることができるなら、やってみるべき。再起不能になって、周囲にも多大な迷惑をかけるなら、慎むべきでしょう。

仕事で、初めて得意先にプレゼンしなければならないときなども、プレゼンが初めてであれば緊張して当たり前。失敗したとしても、社運がかかっているプロジェクトならともかく（プレゼン未経験者にそんな大仕事を任せる会社はないでしょう）、失敗も込みで上司はあなたに仕事を任せているはず。失敗してもともと、開き直って挑めば、意外にいいパフォーマンスが発揮できるものではないでしょうか。

そんなに大げさでなくても、日常生活のなかで、たとえばいつも通っているパン屋さんではなく、オープンしたてのパン屋さんで買い物をして、失敗すると結構ブルーになってしまいます。でも、数百円の損失ですむなら、たまにはこういう変化もいいものです。**多くの場合、最悪の事態は、自分で思うほど悪い状況でも深刻でもありません。それに、最悪を想定していれば、ほとんどの物事はプラスの方向に進んでいきます。**

行動科学で「実行力」UP

誰もが仕事や家庭で「こうなりたい」という夢や目標をもち、それに向かって努力しています。でも、こうと決めたら即行動で着実に努力を重ねて夢を叶える人がいる一方で、なかなか行動に移せない人がいます。頭のなかでいくら理想を追いかけても、現実は何一つ変わりません。行動が伴わなければ、どれほど立派な夢も目標も「絵に描いたモチ」のままです。実行力を身につけるコツは二点、「行動そのものを楽しむ」こと、そして「行動を起こす理由と、行動を起こすことで何が得られるのか」をしっかり認識することです。

①実行力のある人と、ない人の違い

実行力のない人は、何かを始めるときに「have to（しなければならない）」という義務やノルマとして堅苦しく考えがちです。しかし実行力のある人は、「やりたいからやる」「行動するのが楽しい」「成功した自分の姿をイメージできる」など、「want to（したい）」が行動原理です。

②ニードとメリットに着目する

人が何か行動をするときは、本人が意識している、いないに関わらず、その背後には、「行動したくなる理由＝何のためにやっているのか？」が必ず存在します。具体的には、「ニード（必要性）」と、行動後の「メリット（利点）」の二つであり、人はニードとメリットのある行動は自然と繰り返すのです。

たとえば、ジョギングを始めようというとき、「生活習慣の乱れを正してキレイを手に入れよう」「運動不足で太り気味だから健康的にやせたい」というのが〝ニード〟です。対して、「実年齢よりも若くキレイなボディを手に入れる」「健康アップで仕事にも意欲的にとり組める」などが〝メリット〟です。

このニードとメリットに着目すれば、自分の頭の中で「行動の理由づけ」が強化され、最初の一歩を踏み出しやすくなるでしょう。

最初はどんな小さなことでもOK。とにかく、行動を起こすことが大事です。まずは、「お気に入りのジョギングウエアをネットでさがした」「ジョギングの本を買ってきた」などでいいのです。些細なことであっても、「want to（したい）」のマインドで、楽しみながら何かを始める。それはすでに目標達成に向けてスタートを切ったということなのです。

Step 3「継続力」を身につける

「続かない私」を「続けられる私」に変える

　ここまでいろいろ書いてきましたが、私はいわゆる〝根性〟があるほうではありません。継続ということに関して、仕事は別にしてプライベートでは胸を張って継続していることがあるとは言えないんです。

　美容に関しても、いろいろ試したことはありますが、自分に合わないと感じたらキッパリやめてしまいます。今流行の「断捨離」ではありませんが、このキッパリという部分は大切です。うじうじ悩んでいる時間が一番もったいないですから。

　逆に、「いいな、自分に合っているな」と思ったことは、努力なんてしなくても勝手に続いてゆくものです。しかも、続けてゆくことでどんどんプラスの側面が出てきます。

　たとえば「ダイエットのために泳ぐ→気持ちがスッキリする→気分が切り替わって気持ちがいい→体重が減って体型がよくなる→また泳ぐ」というように。自分にとっ

ての「いいこと」って循環するんです。すると楽しいなと感じるわけです。

楽しいから続く。じつはこれが真理。あまり難しく考える必要はないと思います。もっとシンプルに、もっと毎日を楽しんでいきましょう。

「楽しい」を積み重ねる

私は野球のことはあまりわからないのですが、メジャーリーグで一〇年以上活躍を続けるイチロー選手の偉大さはよくわかります。毎日の練習で心身を鍛え、試合で成果を出し、前人未到の記録を打ち立てる。しかも世界の猛者が集まる超一流の舞台で最高のパフォーマンスを継続することのすごさ。

もちろん、才能も無関係ではないでしょうが、それだけではありません。コツコツとした努力の積み重ねは、彼の華麗なプレーにも、求道者のような顔にもにじみ出ています。

でも、その姿勢に学ぶところは多くても、イチロー選手のようにいかなくて当たり前。私たちはプロアスリートではないのですから、結果を出すことよりも、いかに楽しい毎日を積み上げていくかが重要です。
先ほど書いたように、コツコツというのが私は苦手。どうやって日々を楽しんでいくか、それが私にとって重要なことだから。自分の気持ちを盛り上げてくれること、どうやったら快適な時間がすごせるか、これもセルフプロデュースの一つと考えています。

撮影などの都合で、ダイエットしなければならないときも、どうせやるなら自分に合った方法で楽しんでやりたい。だから、「これは」と思ったものにはとりあえず挑戦します。そうして今、たどりついたのが加圧トレーニングなのです。

マラソンに挑戦したときも、自分をダマシながら練習を続けました。そもそも、私が『ＳＴＯＲＹ』の編集長に何気なく「（企画で）タヒチに行きたい！」と言ったのがきっかけ。後日、「リカさん、行っていいよ」と言われて喜んでいると、「マラソンつきでね」と……。練習を始めて、「やっぱり私には走るのは向いていないなあ」と途中で何度も投げ出したくなりましたが、タヒチに行きたいという思いが勝ったのでしょうね。つらくなるたびに、あのキレイな海、空を思い浮かべていました。結局、完走したときには思わず涙が出ていましたね。

「長距離型」か「短距離型」か見極める

陸上競技にも短距離型の選手と長距離型の選手がいます。これは筋肉の種類とも関係があるそうで、速筋と遅筋が多いか少ないかで決まるようです。速筋とは瞬発力のある筋肉で、遅筋とは持久力のある筋肉のこと。

人生にも短距離型の人間と長距離型の人間がいると思います。人生はよく長距離走にたとえられますから、持久力があるにこしたことはありません。でも、私の場合、一つのことを続けるよりも、いろいろなことにチャレンジして自分のさまざまな面を発見していきたいのです。周りの人からもよく集中力がすごいと言われますから、完全に短距離型というか短期集中型ですね。

私のマラソン挑戦を例に出すと、あのチャレンジのあとは完全に燃え尽きました。一度マラソンを完走すると、人によってはハマッてしまうようですが、運動嫌いに加えてコツコツ積み上げていくのが苦手な私には合わなかったみたいです。合っていれば当然続けますが、合わないとなれば「はい、次っ」と、別のことに興味が移ってしまいます。

日本人は華道、茶道などなど、「道」を大切にするので、一つのことを突き詰めて「極める」ことが重要だと考えます。もちろん、そのとおりなのですが、私の場合は枠にハマッてしまうことをどうも窮屈に感じてしまうようです。

ただし、あれもこれもと欲張ることはしません。ちゃんと一つ一つケジメをつけてやっていかなければどこかで無理が出て、何一つやり遂げられないと思います。根が真面目なほうなので、キチンと人生を生きていない気がして居心地が悪いのです。

とにかく、自分の興味のあることを真剣に集中してやること、好奇心のままにチャレンジを〝続ける〟ことが私の人生全体のテーマになっています。**人生そのものの動きをとめないことが重要で、その動きが長い目で見れば自分を磨くこと、つまり「キレイの継続」につながるように思います。**

何かを積み重ねるのは大切なこと。でもそれ以上に、楽しい瞬間を積み重ねることが大切だと思います。結果ばかりを求めないで、過程を大切にしながら、日々楽しんでいきましょう。

行動科学で「継続力」UP

「また三日坊主。どうして続かないんだろう」と挫折してしまう人がいます。そういう人は、「物事を続ける方法」を知らないだけなのです。努力や根性、才能の有無などとはまったく関係ありません。

行動科学では、以下のようなツールを活用して、「無意識のうちにアグレッシブに行動せずにはいられない心の働き」を作り上げます。

①スモールゴールとラストゴール

継続で重要なのは、「何のためにやるのか」「どこを目指すのか」を明確にすることです。そのために期限や目標数値を盛り込んだ最終到達目標である「ラストゴール」と、少しがんばったら確実にクリアできるたくさんの中間目標である「スモールゴール」を決めます。特にスモールゴールには、努力すれば報われる楽しさや達成感、毎日の小さな行動の積み重ねが将来の成功を約束するということを自分のココロとカラダに覚えこませるという役割があります。

②行動契約書

挫折や失敗を防ぐためには、決意表明として「行動契約書」を書き、家族や友人知人に公開してしまうと効果的です。記載するのは、スモールゴールとラストゴール、目標を達成したときの「ごほうび」、サボったときの「ペナルティ」などです。ごほうびは、美味しいものを食べる、洋服を買う、最終目標達成で旅行に出かけるなど自分のテンションが上がることなら何でもOKです。ペナルティは、自分への罰ゲームとして、したくないことを強制したり、好きなことを禁じたりします。

③チェックリストで達成感を得る

チェックリストとは、毎日のとるべき行動を細かく項目分けしたものです。きちんと実行しているのかは、何となくではなく、実際に行動した量がどれくらい増えているのかをチェックして〝見える化〟します。

ただし、これはできていないことを見つけて反省するツールではありません。小さな成功を日々積み重ねる楽しさを実感するためのツールです。上達したのでチェック項目が増えた、この項目はもう完全に身についたというようにプラス評価に使いましょう。そして自己成長とともに、チェック項目を見直すなどリストの内容も進化させていきます。

④メジャーメント

自分の正しさを検証し、達成感を得るために、毎日のチェックリストで記録した内容を集計しグラフ化するなどして、日々の変化やどれくらい目標に近づいたかをひと目で見てわかるようにします。もし思わしい結果が出ていなければ、目標設定や行動計画のどこに問題や課題があるのかを検証し改善します。

⑤サポーター

継続においては、家族や友人に協力や理解を求めたり、きちんと行動していることへのねぎらいや称賛の言葉をかけてもらうことがとても有効です。さらには行動契約書を周囲に公開（ブログやSNSも効果的）しておくと、途中で挫折することが恥ずかしく感じる、協力してもらっている人たちに申し訳ないという心理も働きます。

Chapter 2
仕事美人になる

女性に必要な「自立」と「自律」

仕事を通してキレイになる

みなさんは、何のために働きますか？　働いていましたか？　あるいは働こうと思っていますか？　生活のため、自分を高めるため、誰かの役に立ちたいから、生きがいだから……さまざまな理由があると思います。そして理由は一つではなく、そのいくつかが合わさったものでしょう。

私は、仕事は自分を高めるものだと考えています。どんな職種であれ、自分の人生に大きな影響を与え、生き方にも直接跳ね返ってくるものだと思うのです。私が関わったのは、幼児教育と読者モデル、そこから派生したテレビコメンテーターなどの領域に限られますが、**仕事って、自分が主体的に関わっているなら、どんな仕事にでもやりがいは見つけられるはずです。**

同じ業務をするにも、イヤイヤしていればそれだけの成果しか手に入りませんし、自ら積極的に関わっていけば得るものは多いはず。人生も同じです。要は、「やらされている」のか「やっている」のか、この意識の違いがすべてではないでしょうか。ただ、会社のためとか、社会のためにというのは窮屈な感じがします。仕事では人間的に磨かれる部分が大きいのですから、全部自分のため、と考えたほうがいい。結果として、会社や社会のためになればいいのです。お給料も同じことで、最初からお金のことばかりを考えるのではなく、これも、自分を高めることで、あとからついてくるのです。

仕事は、自分をキレイにする一つの修行のようなものだと考えてみてはどうでしょう。どんどん業務をこなし、苦しいことを乗り越えて、楽しんでいければ、その人は輝いて見えるでしょう。ただし、気をつけなければならないのは、仕事にのめり込みすぎないこと。いつもすこしだけ余裕をもっていてほしいと思います。仕事の虫になってキャリアアップ、いい成績、いいお給料を求め、やみくもに髪の毛振り乱して、夜も寝ないでボロボロのお肌……では、キレイは遠ざかるばかり。

仕事はちゃんと一生懸命にやって、そのうえで恋や趣味など、プライベートも充実させてこそ、〝仕事美人〟と言えるのではないでしょうか。

自律した女になる

男女雇用機会均等法導入以来、女性の社会進出は目覚ましいものがあります。ちょうど私の世代は、この法律が成立したころに社会に出たのです。職場でキャリアを積んで、自立した女性が多くなりました。しかしながら、自律はできているでしょうか。必ずしも「自立＝自律」ではありません。

辞書で「自立」をひくと、最初に、「他の助けや支配なしに自分一人の力で物事を行うこと。ひとりだち。独立」と出てきます。「自律」は、「他からの支配や助力を受けず、自分の行動を自分の立てた規律に従って正しく規制すること」です。似ていますが、やはり違います。自立とは、鳥のヒナが巣立っていくイメージで、経済的な面で使われることが多い言葉ですが、自律とは、もっと高い次元の精神機能のように思います。

専業主婦の場合は経済的には夫の収入に頼らざるを得ません。結婚して夫婦になれば家族になり、家族は社会のなかで一つの単位となります。家計を切り盛りし、家事育児に奮闘する。主婦の役割は本当に大変なものだと思います。ただ、仮にその役割だけに集中してしまうと、人生の幅が広がらず、人間的な厚みや魅力が乏しくなる危険性があるようにも思います。

私の場合、三十代は「いい奥さんになる」ことが最大のテーマでしたから、きちんと家事をこなして夫をサポートすることに専心していました。四十代になると大きな転機を迎え、夫の理解も得て、家庭の外へ出てさまざまな分野で活動するようになりました。もちろん、主婦としてやるべきことをやったうえで活動し、専業主婦時代と同じように夫の収入は生活費に回してやり繰りしていました。

自分の収入は、ほとんど「自己投資」に使いました。読者モデルは、撮影に使う服も小物も、ほとんどが私物です。ですから、企画に合わせて服を買ったり、必要経費として結構お金がかかるんですね。でも、夫の収入を私の必要経費に使うことは決してありませんでした。私の場合は「自律」のあとに「自立」の観念ができてきたように思います。

社会変動が激しく、雇用なども不安定な時代ですので、いつ自分が、あるいは夫がリストラにあうとも限りません。そうしたときに、スッとライフスタイルや経済観念

を変えていけるのは普段から自律している女《ひと》。「私だったらどんな会社でもやっていける」「何かあったら私が夫を食べさせてあげるわ」なんて、言ってみたいと思いませんか？　根がしっかりしていれば、強風が吹いてもそれにしっかりと耐え、また春が来たときに花を咲かせることができるのです。

群れない、おもねらない

一人でいるのは不安なものです。孤独を感じ、頼るべきものが自分だけという状況は精神的に苦しいもの。ですから、群れるのは女性に限らず、日本人の、あるいは人間の本能なのでしょう。いえ、人間だけではありません。野生動物を見てもそのほとんどが群れをなして生活しています。あの百獣の王ライオンでさえそうです。人間も社会という群れのなかで生きているわけですから、「群れ＝社会」の規律・ルールを守って生きていかなければなりません。

ただ、人間には一人でいる時間も必要です。最近は、この「一人でいる」ことが苦しくて耐え難いという人が多いと聞きます。女性の場合、会社の同僚、ママ友など、境遇の似た人同士が集まって、いろいろおしゃべりをしてストレスを発散するようです。私はおしゃべりで発散するタイプではないので、よくわかりませんが、それですこしでも気分が晴れるのなら必要なことなのだと思います。ただ、一時はスッキリしても根本的な解決にはなりません。

一方で「同調性圧力」という言葉も耳にします。みんなと同じでなければならない、自分とは違う考え方であっても、大方の意見に賛同する、そんな目に見えない力が人間関係で働いているというのです。確かに、社会で生きていれば「黒い」ものを「白い」と言わなければならないこともあると思います。**こんなふうに制約がある世の中だからこそ、精神的にはできるだけフリーでいたいと思いませんか？**

作家の城山三郎さんは「無所属の時間」という言葉で、この一人の時間の重要性を表現されました。これは文字どおり「どこにも属さない時間」のことだそうです。たとえば、ＯＬだったら、仕事帰りに一人でボーッとできる喫茶店に入ってぼんやり窓外の夕暮れに目をやるとか、主婦だったら、子どもが幼稚園に行っているあいだに目的ももたずに街に出かけることで得られる時間でしょう。

人間は何かに属しています。家族であったり、会社であったり、趣味や育児のサークルであったり。でも、〇〇会社のOL、〇〇さんの妻、〇〇ちゃんの母親という自分の属性（心理学ではペルソナといいます。社会的役割の仮面というような意味です）を離れて、ふと一個人の時間をもつと、今まで見えなかったさまざまなものが見えてくるのです。自分が普段、じつは多くの制約のなかで生きていることに驚くことでしょう。

制約から完全に自由になることはできないのですから、それはそれとして、自分の状況を客観的に見つめてみる。すると、課題や足りないこと、やるべきことが見えてくるはずです。それを実行に移せば、いつしか制約を飛び超えて軽やかに生きている自分を発見することもあるでしょう。

本も読まずにボーッとしたり、目的もなくただ街に出るのって意外と難しいし、しんどいものですよ。でも、魅力的な生き方をしている人は、みんなこういう一人の時間を大切にしている人ではないでしょうか。私の場合は、特に意識してこういう時間を作っていませんが、車を運転して移動するときや、お風呂のなか、寝る前など、日常のなかでいつも「フリーな自分」を意識することでバランスをとっています。

読者モデルという仕事

使命感と責任感をもつ

私はもともと、人前に出て目立ったりすることが好きなわけではありません。苦手というわけでもありませんが、子どものころからおとなしくて、目立ちたがり屋とは正反対の性格でした。この部分、なぜかよく誤解されるんです。

「読者モデル」というと、世間のイメージは若い女の子の雑誌で、ちょっとかわいい一般読者が誌面に載るというものではないでしょうか。

私は普段のライフスタイル、たとえば普段着を含めたファッションや食生活、美容法などを誌面で紹介していただきました。『ＳＴＯＲＹ』の編集長からは、同世代の女性の「お手本」として誌面に登場してもらいたいと言葉をかけていただき、悩んだ末に、ありのままの私でいいならとお引き受けしたのです。

ですから、私はモデルらしいポージングや歩き方などはできません。用意された服を着るいわゆるマネキンとしてのモデルではなく、普段の自分のライフスタイルを自然体でお見せするのです。それを読者の方に参考にしていただいたり、喜んでもらえたならこんなに嬉しいことはありません。実際にイベントなどで読者の方から「参考にしてまーす」とか「元気をもらっています」と声をかけていただいたり、編集部に届く手紙やメールなどの反響は私をすごく励ましてくれました。同時に、三十代から四十代の女性に向けて、もっとのびのびと自由に生きましょうよ、というメッセージを送るという「使命感」がフツフツと湧いてきました。読者モデルには、ある意味で「生き方モデル」の側面があると思うのです。

始めた当時は、正直、仕事だという意識が希薄でした。でも、やっていくにしたがって、企画立案から参加させてもらったり、いつしか誌面づくりに積極的に参加するようになって、さらにやりがいを感じるようになりましたし、そのぶん責任の重さも感じるようになりました。

本来、ギャランティが発生する時点で仕事です。こんなふうにプロ意識が希薄だった私ですが、プロフェッショナルとは、自称するものではないと思っています。これは他者が判断することではないでしょうか。〝カリスマ主婦モデル〟なんて、大げさな肩書き（?）が一人歩きしていましたが、自分で言い出したわけではないんです。

私もみなさんも、初めてこの世に生まれて迷いながら歳を重ねているのですから、人生のアマチュアと言えるでしょう。でも、人生の折り返し点を迎えるころには、これまでの年月と経験から、自分のことは自分が一番よく知っているはず。そういう意味では「自分の人生にかぎっては、プロフェッショナル」と自信をもって自称していただきたいと思います。

ゴールをしっかり設定する

日本テレビ系列で放送されている朝の情報番組「スッキリ!!」で木曜日のコメンテーターを隔週で約四年間務めさせていただきました。テレビのレギュラー番組をもつということと、生放送の緊張感は生活に張りを与えてくれましたし、出演者の方々との得がたいご縁もいただき、本当にいい経験をさせていただいたと思っています。

番組では、社会のさまざまな事件や事故、事象を扱うので、前日はほとんど寝ないで、資料を調べたり新聞などを読むようにしていました。コメントを求められて、何も勉強していないでトンチンカンなことを言ってはいけないので、私なりにがんばりました。二日前から体調管理を万全にし、あまり人に会わないようにして精神的な緊張を高めていました。風邪をひいたから休むというわけにはいきませんし、出演するからにはベストを尽くしたい。

私は、この「瞬間最大風速」ならぬ「瞬間最大がんばり」は昔から結構自信があります。振り返ってみれば、学生時代、家庭教師をつけてもらってそれなりに勉強していましたが、優等生ぶるのがイヤで授業を聞いていませんでした。だからテスト前二週間に猛勉強して、すごい集中力を発揮していました。つまり、要領がいいのです。

本当は、継続によって知識を積み重ねたほうが身につくとは思います。ただ、私は「長距離型」ではなく「短距離型」なので、自分に合った方法でやってきました。

重要なのは、何をゴールと設定するかです。私の場合、コメンテーターのお仕事については、コメントのプロになることがゴールではなく、普通の庶民・主婦としての感覚で、私なりに感じたことを視聴者にわかりやすく伝えることが最大の役割であり ゴールだと設定していました。自分勝手にゴールを設定したわけではなく、お仕事のオファーがあったときに、なぜ私にこのお仕事の依頼があったのかを考え、先方と話し合ったうえで決めたのです。

このようにゴールがしっかりと定まっていれば、無駄な努力に時間を費やすことがなくなり、「うまくいかないなあ」と感じる時期はあっても、必要以上につらいなんて思わずにがんばれるものです。逆にゴールがしっかり定まっていないと、がんばろうにも踏ん張りが利きません。

忘れられないエピソードがあります。初めての収録の直前、緊張感に押しつぶされそうだった私は、レギュラー出演者のテリー伊藤さんに「私は素人だから、いいコメントができないと思いますが、よろしくお願いします」と言いました。するとテリーさんは、こう返してくださったのです。

「この席に座ったらね、プロもアマチュアもないいんだよ。君は、選ばれた人なんだから。ありのままの君でいいんだからね」

この言葉に、私は肩の力が抜けるのを感じました。「そうだ、もっと自信をもっていいんだ、私にできることをすればいいんだ」、そう思えたとき、ＡＤさんの「さん、にい、いち……」という声が聞こえ、放送が始まりました。

今振り返って、「自分の役割をちゃんと果たせたのかな」と思いますが、自分ではなかなか判断がつきません。いいコメントができなくて悩んだこともありました。でも、とにかく自分なりにやれることをやった自負はありますから、後悔なんて一切ありませんし、たまに友人や知人から「よくぞ言ってくれた」「あれだけキッパリ言ってもらうと聞いていて気持ちがいいよ」などと声をかけてもらったときは、思わずニンマリしたものです。

テリー伊藤さんや、加藤浩次さんなど、普段なかなかお会いする機会のない才気に溢れた方々と親しくしていただいて、裏方の人たちをふくめてプロの仕事を間近で拝見することができました。私もその一員として刺激を受け、得難い経験をさせていただいたと思います。

自分をさらしてたくさん恥をかく

自分をさらすということは、仕事上、私には日常的なことです。生活のスタイルまで見ていただくのですから、とり繕ったり、変に格好をつけても仕方がありません。

カメラマンにポーズや表情を要求されて、一生懸命それに応えていると、自然と自分が今どう見えているのかを意識するようになります。常に他者の目線に立っていると、視野が広がっていくのです。自分が見えれば、周囲はもっとよく見えるようになります。

いい部分も悪い部分も、飾らずに人前にさらすというのは、誰にでもすぐにできることではないでしょう。「いい部分だけを見せたい」というのが人情というものですが、でもそれでは悪い部分は無視するということになります。あえて自信のない部分もさらすことで本当の自分の姿が見えてくるのです。

五十歳を前にヌードを決意したのも、私にとってはある意味で恥をさらすということでした。もちろん抵抗はありましたが、四十代最後の区切りというか、ここで一度、自分をリセットしたいという気持ちがありました。

若いときならともかく、カラダのラインも下降線をたどる年齢。鍛えぬいたカラダというわけでもないので正直言って裸に自信はありません。それに、周囲の反応だって気にならないわけではありませんでした。

四十代にやりたいと思ったことはおかげさまでほとんど実現することができまし

た。ただ、ややマンネリになっている自分にも気づいていました。そんなときにブルガリとタイアップの企画があり、それなら乗っかってみようと決意したのです。ヌードになったのは私にとって必然というか、自然の流れでした。いい反応ばかりではないことも覚悟していました。

『美・STORY』にヌードが掲載されたのが、ちょうど萩原との交際がスキャンダラスに報道された時期と重なって、バッシングに拍車をかけてしまいました。それでも、私は「何歳になっても、ありのままの自分をさらしていこう」というメッセージを送ることができたと思っています。

今思うのは、自分であれこれ悩んでいたほどたいしたことではなかったなということ。ハードルを一つ越えたという感じです。劇的に世界が変わって見えるということはありませんが、やってよかったと思っています。

たくさん恥をかいていきましょう。もちろん、ヌードになる必要はありませんが、変なプライドや見栄を捨てることができれば、そのたびに生きることがすこしずつ楽になると思いますし、肩の力を抜いて自然体でキレイに歳を重ねていくことができるようになるはずです。

キレイを作る日々の積み重ね

実行力・継続力は、一〇年先、二〇年先という長い時間のなかで、自分の望む方向へと人生の舵を切り、より充実した人生に変わっていくようセルフ・プロデュースするための力となります。

あなたの人生が今そうであるのは、家庭、学校、就職、結婚などこれまでさまざまな局面で何を選びとってきたのか、どんな行動をしてきたかの積み重ねによるものです。逆に言えば、いくら素敵な人生を思い描いたとしても、考えるだけで実行に移さなければ、結果として何も現われてはきませんし、人生は変わりません。

でも「どういう自分に変わりたいか」がわかっていれば、それを実現するための方法は無数にあります。そして、いきなり大きな夢や目標（ラストゴール）をクリアしようとするのではなく、自分の身近な場所から・できるところから徐々に行動を変えていく（スモールゴール）、それを日々積み重ねていくことで実行力や継続力を育み、キラキラと光り輝く充実した人生を手に入れてください。

キャリアアップに必要なこと

自分のなかにテーマをもつ

私自身は、大きな会社で働いたことがありませんし、キャリアアップを目指したことも、意識したこともありません。それでも、さまざまな職業を体験し、読者モデルとして誌面に登場させていただくようになってからは、セルフマネジメントをしてきました。

意識的にやってきたわけではなく、ほぼ無意識に当たり前のこととしてやってきたのです。

セルフマネジメントとは、何もビジネスに限ったものではありません。心地よく、自分らしく生きていくために自分の生き方、価値観、ライフスタイルをしっかりともって、そう生きていくために自分を仕向けていくことでもあります。

そのためには、自分のなかにテーマをもつことが重要です。テーマの内容は人によって多種多様ですが、自分を高めるものならどんなものでもいいと思います。性格的な弱点の克服とか、趣味の充実もあるでしょうし、結婚もあるでしょう。仕事であれば、いわゆる昇進とか、職務内容のグレードアップなどがあるでしょう。転職もあるかもしれません。

繰り返しになりますが、まずは自分を客観視することが重要。その上で、そのテーマが実現可能かどうかで判断するのではなく、本当に自分に合っているのか、その状態に近づいていく過程が本当に楽しいのかどうかを判断することを優先しましょう。

私は「いい思考と行動→悪い結果は生まれない」「悪い思考と行動→いい結果は生まれない」と考えています。 いい思考と行動は、必ずしもいい結果を生まないかもしれません。大きな失敗になる可能性だってゼロではない。でも、それは必ず経験として身について、いつか近い将来に自分にプラスの形で跳ね返ってくると思うのです。

イマジネーションの力を活用する

制約や規制が多い世の中になっているようです。社会的な制約は個人の力ではどうしようもないことですし、社会人として生きていく以上、それらを守って生きていくのは、むしろ当たり前のこと。

私が残念に思うのは、世の中の規制はともかく、自分のなかに必要以上に制約や規制を作っている人が多いのではないかということです。いわゆる「自己規制」が強すぎると、自由にさまざまなことにチャレンジしたり、自分の可能性を広げたり、人生を前向きに楽しむことができなくなってしまいます。

イベントなどで、私はよく客席のみなさんにこう呼びかけます。「みなさん、ココロのなかで何をどう思おうと自由なんですよー」と。そう、ココロのなかは〝治外法権〟なんです。あまりに反道徳的なことや、悪意に満ちたイメージは自分を傷つけるだけですが、三〇年以上生きていれば物事の分別はついているはず。実際に突拍子もないことを行動に移す危険性も低い。いわゆる遊びとして、イメージを働かせるのです。

たとえばの話、私はちょっとおしゃれな通りを歩くときも、「ここはニューヨークの五番街、私はハリウッドセレブ」なんて、イメージプレイを楽しんでいます。勝手な思い込みですから誰にも迷惑はかけません。自由なココロでちょっとイメージの世界に遊ぶ。そこから思いがけない自分の願望に気づいたり、自分の意外な面を発見するのです。普通の主婦から年商何億円の社長になった人もたくさんいますが、こういう人たちは、イメージの世界で遊ぶのが上手な人なのではないでしょうか。

「女だてらに」「主婦だから」「いい歳だから」「子どもが二人もいるから」……そんな自己規制を振り払ってみることも必要です。行動に移すかどうかは別にして、自分にはこんな可能性、あんな側面もあるんだと思えば、ワクワクしてきませんか。

セルフイメージを、いい意味で裏切ってみることです。私にはこんなことはできないだろう、という枠を飛び越えて、ときには行動に移してみる。セルフイメージを作ったのは自分なのですから、壊すのも自分です。

起業・独立、キャリアアップのための難しい資格試験への挑戦、ダイエット、ファッション、そして意中の彼への積極的なアプローチでも何でもいい。重要なのは、過去の自分を常にアップデートしていくことです。イマジネーションの力とは、自己を更新、いいえ革新するための力なのです。

フリーな自分を意識する

私にはタレントとか芸能人という意識はほとんどなく、立ち位置はあくまで読者モデルです。同年代を鼓舞して、こんなふうに人生を楽しみましょうという提案をさせていただくことに一番のやりがいを感じています。

これまでに、大手のプロダクションから何度かお声をかけていただいたのですが、その都度お断りさせていただきました。

プロダクションに入れば、大きな傘に守られて、新しい分野に挑戦するときにもあまり心配をせずにすむでしょう。交渉事も全部おまかせして、マネージャーが身の回りの面倒を見てくれるかもしれません。しかし、自分のやりたいようにはできなくなってしまうでしょう。一匹狼を気どっているわけではなく、冷静に考えて私は大きな組織に所属するのが向いていないと判断したのです。

会社に属してキャリアを積んでいくか、あるいはフリーになって自ら道を開いていくか。ビジネスパーソンなら、職種にもよりますが、一度は悩むことですね。

どちらがいいとか、悪いという話ではなく、私の場合はあえて（ここまで読んでいただいた方にはもうおわかりだと思いますが）茨《いばら》の道を選ぶのです。こればかりは性格ですのでどうしようもありません。そして読者モデルという立ち位置を変えてまで有名になったり、売れたいなんて意識もありませんでした。あくまで私自身が、無理のない、嘘のない本当の自分として生きていけることが一番大切なのです。

若いときは会社組織に属した時期もありますが、三十代に主婦となり、その延長線上で読者モデルになりました。自分がどこまで走れるのか、自分の可能性を信じてただひたすらに走ってきた私にとっては、フリーという立場がごく自然で居心地がいいということです。

フリーとしてやっていくということは、まさに「自立」と「自律」その両方が大切です。逆に、フリーとしてやってきたことで、その部分が鍛えられたとも言えると思いますね。

不安と上手につき合う

生きているあいだは、「生老病死」というくらいですから、さまざまな悩みや不安がつきものです。これればかりは仕方がありません。

最近は、まだ三十代から老後の心配をする人が多いようです。私たちの世代が若かったころはバブル景気でみんな浮かれていました（私もその一人でした）が、最近は長引く不況の影響でしょうか、「どうやって人生を楽しむか」よりも「どうやって人生を乗り切るか」が重要になっていると感じます。先行き不透明な閉塞感から、将来に不安をもつ人も多いのでしょう。

こう見えて、私にだって悩みや不安はいっぱいあります。ただ、それを感じるヒマがあまりないのです。泳ぐことをやめると呼吸ができなくなって死んでしまうマグロやサメのような私は、昼間はあれこれ忙しくて悩んだり考え込んだりするヒマもないけれど、夜になってベッドにカラダを横たえたときには、自分と向き合うことになります。私と同年代の友人たちも、寝つくまでのあいだにあれこれ不安が渦巻いてきて寝不足になると口を揃えます。

こんなときに、私はこうアドバイスします。
まず、悩みや不安の根源の問題が何かを考える。それがわかったら、その問題が考えることで解決できることなのかどうかを見極める。ベッドのなかで数十分考えることで解決できそうな問題であれば徹底的に考えて、スッキリした気分で眠ること。でも、あれこれ悩んでもすぐには解決策が出そうにない問題であれば、うっちゃってしまいなさいと。

こうして、悩みからココロを離すことがストレスを溜めないコツです。なかなかそう簡単にはいかないかもしれませんが、常に自分のベストを尽くしていれば、思い悩む必要はありません。相手のあることや、時間がかかること、漠然とした未来のことは明快な解決策などないのだとあきらめて、いい意味で〝いい加減〟になればいいのです。

目指すは「知的でキュート」な女性

好奇心を失わない

みなさんにとって「知的な人」とはどんな人でしょうか。本をいっぱい読む人、新聞や雑誌を毎日欠かさずチェックする人。あるいはなんとなく頭がよさそうに見える人、メガネをかけてスーツをかっこよく着こなしている人……これは単に知的な雰囲気の人ですね。

私は、知性とは知識量ではかれるものはないと思います。たくさん本を読んだり、情報をため込んだりしても、そこから得られた知識を有効に使わなければ何の意味もありません。それどころか、知識の多さを他人にひけらかしたり、情報の整理がつかずに身動きがとれなくなってしまう人もいるようです。

情報を取捨選択し、自分にとって有用な情報をいかに行動に結びつけて使っていくか。それが肝心です。つまり、知性は頭のなかだけにあるのではなく、カラダを使って行動して、はじめて獲得される能力です。

もちろん、たくさんのことを知っておくにこしたことはありません。知識が偏ってしまったり世情に疎いのは、社会でいろいろな方とおつき合いしていく上で不都合があります。私自身あまり本を読みませんので、口はばったいのですけれど、一般常識と心理学、その時々に興味をもったことなど、自分に必要な分野については勉強しています。

知的な女性になるうえで一番重要なのは、情報ではなく好奇心だと思います。常に物事に興味をもち、実際に行動し体験してみる。この新鮮な感動を求めるワクワクしたココロは、私たちがまだ幼いころ、みんなもち合わせていたのです。いつの間にか好奇心は薄れ、新鮮なワクワク感と縁遠くなりがちではありませんか？

私はこの好奇心を大事にしています。自分の知らない世界に、まずは足を踏み入れて、「ああ、これはやっぱり自分には合わないいな」と思えば引き返せばいいし、「いいな」と思えばのめり込んでいけばいい。

知性とは知識そのものにあるのではなく、それを自分なりにどう取捨選択し、実際にどう活用するかにあります。そして知性獲得の原動力になるのは、好奇心だと思うのです。だから知性のある人は、かわいい、というかキュートなところがあって、いつまでも若々しく輝いていられるのではないでしょうか。

自分の頭で考えて行動する

流行や周囲に流されるのではなく、得た情報を自分の頭で価値判断をして行動に移す。これは自分の意見をもつということでもあります。マスメディアはもちろん、最近ではインターネットでもさまざまな情報が流れ続けています。

残念ながら、男女を問わず「自分の頭で考えて行動する人」は多くはないようです。たとえば日本の若い女性は、キレイでお洒落になったと言われます。ただ、私から見てもったいないのは、みんな同じようなファッションに身を包み、バーキンがいいと言われればみんなバーキンのバッグをもち、同じようなメイク・髪型をしていること。これではあまりに個性がなさすぎます。高校生は制服の場合が多いですし自由になるお金も少ないので仕方がないとしても、大学生や社会人になったら、もっと自己主張するべきです。

一般的に、女性は感情的、男性は理論的だと言われます。私の場合、どちらかといえば男性的。感情的になることがなく、サバサバしていて、物事にあまり執着せず、こだわりもしないタイプです。一方で物事を理詰めで考えるところもあります。

仕事で初めてご一緒した方には、よく「意外だ」「外見とギャップが激しいですね」と言われることもしばしば。口の悪い友人からは「男」と評されているくらい。

でも、女性としての感性は大事にしています。というより意識的に楽しんでいます。ファッションなどは、どんな服をとり合わせるか、形や色の組み合わせなどは感性が試されます。料理も単にレシピどおり作るのではなく、冷蔵庫にある限られた食材で自分なりのアレンジをどう加えていくかで感性が試されますね。

物事を単純に「好き」「嫌い」という感情で判断するのは危険ですが、直感は大切です。直感は感性の一つの表われだと思うからです。物事にもよりますが、私はこの直感に従って行動してきた部分もあります。

ただ、直感を信じて行動するためには、ある程度の経験が必要だろうと思います。

失敗したり、恥をかいたり、涙を流したり……。そうした苦い経験を積むことによって、直感は磨かれていくと思うのです。

たとえば、初対面の人と会って、この人はどういう性格の人なのか。さらにお話をして信頼に値する人なのか、私の直感はかなりの精度で的中します。直感とは何も超能力ではなく、短い時間で対象を観察することで得られるもの。感性を大切にして生きている女性なら、誰もが身につけている能力でしょう。

自分の感性を磨いていくには、まず行動すること。行動を経験に変えて、経験から物事を判断し、また行動に繋げる。そうすることで、自然によい循環ができていくのです。

オンとオフを上手に使い分ける

私は昔からメリハリのあるライフスタイルを大切にしてきました。

撮影などのお仕事をするときはとことん集中して、それができたらご褒美に思いっきり遊ぶ。若いときから飴とムチで自分を管理してきたので、オンとオフのバランスをしっかりとっている自信があります。正直なところを言えば、オフを思いっきり楽しむために、オンを思いっきりがんばるのです。

スイッチオン状態の私は、完全に人が変わっています。集中しすぎて周りが見えなくなってしまうことも……。

人前に出る仕事ですので、緊張することも多いですし、ピリピリしているのが近しい周囲には伝わってしまうようで、テレビ出演やトークショーの前などには気軽に声をかけられない雰囲気があるそうです。とにかく自分のベストを尽くすことが重要で、後悔だけはしたくないという意識が強いのです。

あえて自分の不得手なことやつらいと感じることにも自分なりに一生懸命にとり組むことで、私はこれだけのことをしているんだという「自信」が手に入ります。

反対にスイッチオフ状態の私の姿は、人様にお見せできるものではありません。家で過ごすときは穴のあいたジャージに、洗いざらしのTシャツ、そしてクマ柄のタオルを首にかけるという壮絶なもの。メイクはしないし、髪の毛も一束にひっつめて。でもこれ、かなり意識的なんです。肌を休ませたり目の下にクマができていないかなど肌の状態をチェックする意味もあります。また、あえてそういうオンとは真逆の格好でいることで、オフの時間を自分で演出しているのです。常に人に見られる仕事というのは、必要以上に神経をすり減らしています。だからこそ、このオフをこれでもか、とある意味壮絶な（？）格好で楽しむのです。

その格好のままで、近所に買い物に行ったこともありました。どうせ誰も私だとわからないと高を括って、着飾ったマダムの集う自然食のマーケットなどで平然と買い物をする。これがなかなか気持ちいい。しかし、お金を払うときに、レジの人に「あ、リカさん。いつもありがとうございます」と声をかけられたときは、さすがの私も一瞬凍りつきました。

人生は緊張と弛緩が大事。ずっと張り詰めている糸は切れやすいし、ゆるみっぱなしの糸には力がない。オンがあるから気持ちよく力を抜けるし、オフがあるからここぞというときに力を入れられる。

ちょっと変なたとえですが、しゃくとり虫のように、伸びたり縮んだりすることで、前に進んでいけるのではないでしょうか。

頼りになる存在（サポーター）をもつ

人間は一人では生きていけませんし、一人の力ではできることも限られています。仕事を何でも一人で抱え込んでしまって煮詰まってしまう人が多いようですが、自分の能力を過信するとつらい思いをすることになります。

キレイな女性になるためには、自律は最低条件ですし、自立だって必要です。ただし、どちらも自分一人の力でできるものではありません。人に支えてもらったうえでのことだと謙虚に自覚することが大切です。

私が読者モデルとして活動を始められたのも前夫のおかげでした。彼の理解があればこそ、主婦と読者モデルを両立することができ、その後も活動の幅を広げることができたと今でもとても感謝しています。彼は経営者ですから、私のチャレンジ精神を理解しやすかったのかもしれません。ただ、五十を超えて、自分がやや安定志向に入っていると自覚していたようです。私の前向きにチャレンジする姿勢に共感してくれて、「いい刺激になる」と言ってくれたのはとても嬉しいことでした。実際、彼はどんどん行動的になって若いときの輝きを取り戻していきました。前向きなエネルギーは周囲に感染していく。そのエネルギーにどんどん巻き込んでいけば、そのぶん、サポーターの数も増えるでしょう。

何か行動を起こすとき、周囲の理解はとても大切です。理解が得られなければ、近しい関係であればあるほど、逆に足を引っ張られることもあるかもしれません。ですから、行動を起こす前に、サポーターになってもらえそうな人には、事情をキチンと説明してよく理解してもらう必要があります。

たとえば、キャリアアップのために英会話教室に通うと決意した場合、まず会社に報告して上司の理解を得る必要があるでしょう。授業が休日ならば、彼とのデートに影響があるかもしれませんから、余計な誤解を招かないためにも彼にはきちんと報告し、了解を得る必要がありますね。

こうして、他者に報告することで、おのずと目的の再確認ができるというメリットがあります。英会話習得がキャリアアップにどう役立つのか、なぜキャリアアップしたいのか。同時に、これはある種の「宣言」ですから、途中でやめるなんて格好悪くてできないという、いい意味でのプレッシャーを自分に与えることができます。人間

とになるのです。

の意志の力はそう強くはありませんから、他者の目はちょうどいい緊張感を強いることになるのです。

一章で「年上の友人をもちましょう」と書きましたが、「頼りになる人」、「自分の味方」を一人でも多くもっておくといいですね。普段から自分を磨いて人間的な魅力を備えていれば、こうした人たちとめぐり合う機会も増えるでしょう。

サポーターは年上に限らず、つき合っている彼などの甘えられる存在でもいいと思います。私の場合は性格が男っぽいので、以前の恋愛を振り返ってみても、甘えるというより、同士というか親友のような感覚になっていました。ベタベタしたり依存するのが苦手なのです。デートもいつしか私が主導権を握ってリードしていたり……。ちょっと生意気すぎるんですね。私としては、甘えるというより、頼りにするくらいでちょうどいいと思うのですが……。

自分を好きになる

何か新しいことにチャレンジするときによくあるケースが、挫折してしまった場合に「また投げ出してしまった。私はなんて意志薄弱なんだろう」「いつも三日坊主。私には根性がない」と自分を卑下したり、自己否定してしまうことです。しかし、それは物事の継続の仕方を知らなかっただけです。もって生まれた性格や意思の強さとは何の関係もありません。

実行力や継続力を育み、小さなことから始めて大きな目標を実現して「私ってスゴイ！」と感動したり、「やればできるんだ！」と成功体験の喜びを通じて自分を好きになってください。

自分のことが好きになると、もっとこんなことにチャレンジしたい、人生を充実させたいと意欲が湧いてきます。自分に自信があって、明るい未来を目指してイキイキしている女性は、それだけでとても魅力的。自然と人が集まってきます。その人間関係のなかから、生涯の親友との出会いや恋愛、ビジネスに役立つ人脈が生まれることだってあるかもしれません。

Chapter 3

「続ける自分磨き」でもっとキレイになる

Rika's method

エクササイズ

今、私がはまっているのは加圧トレーニングです。少ない運動量で最大限の効果をあげるこのトレーニング方法は、生来不精な私にはピッタリ。もともと仕事の関係から必要性に迫られて始めたのですが、いつの間にかはまり込んでしまって、今も週一回、九〇分のメニューをこなしています。

加圧トレーニングとは、腕や足のつけ根に専用のバンドで適正な圧力をかけ、血流が少ない状態で筋肉に負荷をかけるトレーニング方法です。バンドをはずすと血行がよくなり、成長ホルモンが分泌されて脂肪を燃焼させ、お肌にもいいと聞きます。

私が通う代官山のジムはこぢんまりとしていて集中しやすく、鏡張りだから常に自分の運動姿勢や体型をチェックできます。また、トレーナーとの相性もいいので楽しく汗を流せています。結局、こうしたエクササイズが続くかどうかは、運動の効果が第一ですが、環境も大事ですね。

お勧め！　ながらトレ

テレビを見ながら

唇をとがらせて口を左右斜めに思いきり動かします。1セット10回を3セットくらい。もちろん、パソコンをしながらでも、ドライブの途中でもOK。気になる頬のたるみに効き目があります。

炊事をしながら

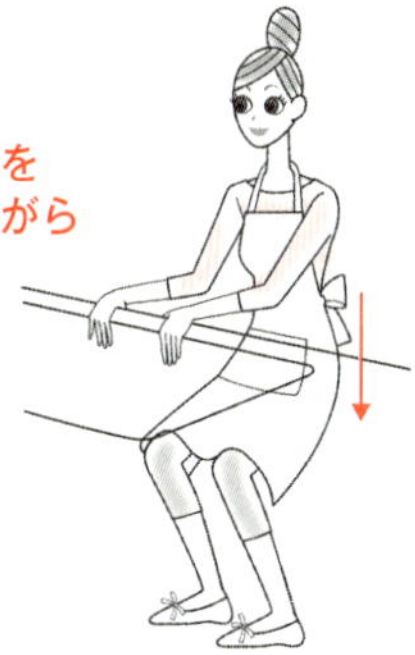

洗いものなどをしているとき、腰を軽く落とします。できるだけ腰を垂直に落として、お尻を突き出さないように。5秒間キープしてもとに戻す。これを10回繰り返します。太ももとふくらはぎを引き締める効果があります。

お風呂に入りながら

浴槽につかりながら、ふちを軽くつかんで、やや腰を浮かせてひねります。左右10回ずつ。腹筋、背筋、太ももなどに効果があります。気になるウエストのシェイプに。

就寝前や起床のときにベッドに横になりながら

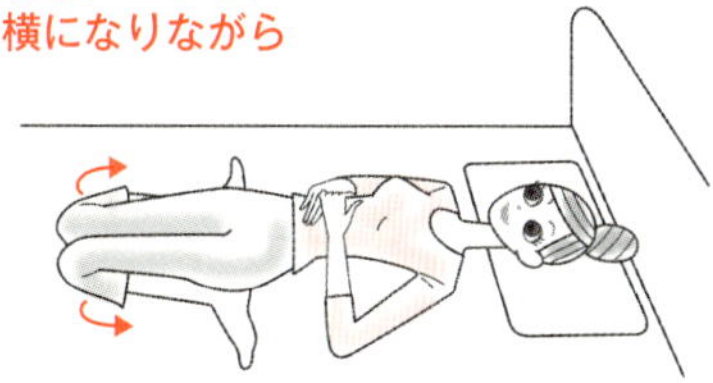

ベッドに仰向けになってひざを曲げ、両脚をお尻に寄せるようにして1分間キープします。これを10回繰り返します。太ももの筋肉を伸ばし、股関節を柔軟にします。

二年くらい前、有酸素運動をするためのルームランナーを購入しました。毎日きちんと時間を決めてやっているのではなく、気がついたときに乗って汗を流すようにしています。

お勧めなのが、三十代からやっている「ながらトレ」。運動が苦手な私は、気合いを入れて集中して運動をするのが好きではありません。でもこの方法なら、たとえばテレビを見ながら、お料理をしながら、寝転んで雑誌を読みながら、運動をしてしまえるのがいいところ。

こうして、いくつかある選択肢から、その日の自分の気分やコンディションに合ったエクササイズを生活のなかにとり入れるようにしています。

Rika's method

おいしい食生活 *part 1*

生きるうえで「食」はとても重要です。「医食同源」という言葉があるように、人間のカラダは何を食べるかによって大きく影響を受けます。ただ、嫌いなものを無理して食べるのもつらいもの。まるで薬を飲むように食事をするのもつまらない。食事は、「薬」の草かんむりをとって「楽」、つまり楽しく食べることが第一です。

ありがたいことに私は、幼い頃から野菜が大好きです。青虫の生まれ変わりかと思うくらいで、桜の花が散ったあとの新芽を見ていると「おいしそ〜」って思うほどなんです。母が作ってくれた食事も和食中心でしたから、自然と「食育」を受けていたように思います。

ビタミン、ミネラル、食物繊維が豊富な野菜は中年女性の大きな味方。できるだけ積極的にとるようにしたいもの。私は、外食が多くなるときも、野菜を多く使った和食を選ぶようにしています。

ジュニアベジタブル&フルーツマイスターの資格を二〇〇九年に取得したのも、単に資格が欲しかったからではなく私の好きな野菜やフルーツのことをもっと知って、もっとおいしく食べるためです。

私は料理が得意、というか大好きです。もちろん、それ以前に食べることが好きなのです。毎日おいしいものを食べたいから、和洋中、さまざまな料理を作りますし、最近はブログで紹介することも。外食することもよくあるので、だからこそ普段は多めに野菜をとっています。

どうしても野菜が嫌い、食べられない……という方は、サプリメントを上手に活用してもいいのではないでしょうか。ちなみに私は大の納豆好き。毎食納豆を食べたいくらいです。実際、ほとんど毎日食べています。自分が好きなものが健康にもよいと、なんだか得した気分ですね。

ナベ料理のよさは、一度にたくさんの野菜がとれること。さらに、免疫力アップ食材として注目されているショウガを活用するのが私流です。鶏団子に加えるだけではなく、食材としてスライスしてナベに入れます。冬場はカラダがポカポカにあたたまり、血行も促進されます。鶏肉のコラーゲンもお肌にいいので、美容によくておいしいナベです。また、薬味には抗酸化物質セサミンを大量に含んだゴマや、脂肪を燃焼させる働きのあるカプサイシンを多く含んだ青唐辛子を刻んで使うこともあります。

ナベのだしは、九州のアゴだしや、小魚のだしパックをとり寄せて使っています。錬りゴマや味噌を加えてもおいしいですよ。

野菜たっぷり　私のお勧め鍋料理

「鶏団子ナベ」

［材料　4人分］
季節の野菜（ホウレンソウ、小松菜、白菜、水菜など　適量）
きのこ類（えのきだけ、マイタケ、シメジ、シイタケなど　適量）
豆腐…1丁
ネギ…1本
豚肉ロース…200グラム
ショウガ…ひとかけ

（鶏団子）
鶏ひき肉…250グラム
卵…1／2個
ショウガ…ひとかけ
九条ネギ…少々
塩…大さじ1／2

［鶏団子の作り方］
鶏ひき肉に塩を加えてよく練る。弾力がでてきたら溶き卵、すりおろしたショウガを加えてさらに練る。刻んだ九条ネギを加えてスプーンや手で丸める。

Rika's method

おいしい食生活 *part 2*

女性にとって、甘いものの誘惑は抗いがたいものですよね。ちょっと疲れたなあと感じたときにひと粒チョコレートを口に入れると、止まらなくなってひと箱開けてしまったという経験、ありませんか？

甘いものに目がない私ですが、撮影の合い間などお菓子が欲しいなあと感じたときは、甘いものではなく、焼き梅や干し梅、おしゃぶり昆布などを口に入れるようにしています。これなら砂糖をあまり使っていないので低カロリーですし、健康にもいい。出先でも、コンビニなどで簡単に手に入るのが嬉しいところです。

ケーキも、いつもお店で買うのではなく、たまには自分で作ってみてはいかがでしょう。甘さを控えたり、バターを控えることで、おいしくて太りにくいスイーツが作れます。試行錯誤を重ねて自分なりにレシピを開発するのもいいでしょうし、低カロリーのお菓子の作り方を集めた本や、ウェブサイトがありますから、それを参考にしてみては？

そして、手作りのよさは、自分だけではなく贈り物やイベントのとき、あるいはホームパーティなどで喜んでもらえることです。私の〝伝家の宝刀〟アップルパイには歴史がありまして、初めて作ったのは十代後半のころ。親戚が我が家を訪れたときに焼いて出すと、おじたちに大好評をいただいて、気をよくした私は、以後、得意なお菓子としてこれまで軽く一〇〇枚以上は焼き上げたでしょうか。普段から、キレイだなと思った包装紙やリボンをとっておいて、アップルパイなどを焼いたときに、ラッピングに使います。

自分の楽しみだけではなく、お世話になった方への感謝の気持ちとして作ってもいいものです。市販のものではなく、手作りのよさは相手の方にきっと伝わります。一流パティシエのようにキレイに作れなくても、そこはご愛嬌。料理やお菓子作りを楽しんで続けていれば、女子力アップに貢献してくれます。

愛情たっぷり　私のお勧め手作りスイーツ

「アップルパイ」

［材料（1ホール）21㎝パイ皿1枚分］

〈パイ生地〉

薄力粉…150g

強力粉…50g

無塩バター…150g

（私はカルピスバターを使用。お高いので普通のものでも）

塩…小さじ1

冷水…80㎖

〈リンゴの甘煮〉

リンゴ（紅玉）…4個（紅玉がアップルパイには一番よい）

砂糖…50g　甘さはかなり控えめ

ブラウンシュガー…40g

シナモン…少々（お好みで）

レーズン、くるみ、アーモンド、ドライいちじく等

マイヤーズ適量（ドライフルーツなどが浸るくらい）

〈ドリュウル〉

卵（溶き卵）

水…少々

フルーツジャムあればそれも

［作り方］

①ボウルに薄力粉・強力粉・食塩を入れ、混ぜる。
②①にバターを加え、スケッパーで5㎜角に切りながら、粉と合わせる。
③冷水を加えて、軽く混ぜ、生地ビニール袋に入れて冷蔵庫で30分くらい生地を寝かせる。
④③の生地を3～4㎜の厚さに伸ばし、3つ折りにして、再び冷蔵庫で30分ほど休ませる。
⑤休ませた生地を取り出し、90度回転させ、薄く伸ばし3つ折りにたたむ工程を2回繰り返す。
⑥⑤の生地を3～4㎜の厚さに伸ばす。型に敷き詰め、はみ出した生地は切り落とす。
⑦フォークで数か所空気穴を開け、水気を切ったリンゴの甘煮をのせる。
⑧200℃のオーブンで、約50分、キレイな焼き色がつくまで焼き上げる。
⑨パイ皿の周りにドリュウルをハケで塗り、残りの生地で、1・5㎝幅の帯状の生地作る。
格子状に生地をおき周りにものせ、ドリュウルを塗りオーブンへ。
220℃で18分＋200℃で15～17分焼く。

リンゴの甘煮の作り方

①皮をむき、6等分し、芯を除き、さらにいちょう切りにする。
②に、①と砂糖、マイヤーズ漬けドライフルーツ等（タッパーに作り冷蔵庫に常備すると便利）を入れて火にかける。
③リンゴが透き通ってきたら、火を加減して汁気がなくなるまで煮る。シナモンをお好みで。

Rika's method

ボディケア

リンパマッサージには、ここ一〇年間くらい一〇日に一回の割合で通っています。エステ感覚というよりは、自然治癒などカラダの自己再生力をアップさせる目的で、顔と全身で二種類のお店を使っています。いろいろ試して自分に合ったボディケアの一つです。「きいているなあ」と感じられる、ちょっと痛いけれど気持ちいい感じ、ツボにはまった感じが好きです。施術されたあとは、カラダが軽くて気分もスッキリ。小顔になった実感もあります。多少お金はかかりますが、自分が試してこれはいい、と思うものには、キレイのためにも「自己投資」してもいいのではないでしょうか。一か月間仕事をがんばった自分へのご褒美としてもいいでしょう。

お風呂はボディケアの絶好の場所。まず、数種類あるお気に入りの入浴剤かアロマオイルをその日の気分に合わせて選んで入れて、ゆっくりと湯船につかり、シャワージェルでカラダを洗い上げます。その後、垢すりミトンを使って全身を軽くマッサージ。ただ、この垢すりは肌に負担がかかるので、週に一回くらいにしています。垢すりをしない日は再び湯船につかって、ストレッチをしながら、手のひらで全身をこすります。

マッサージのあとにはボディローションを全身に丁寧に塗ります。「ロクシタン」のものを主に使いますが、その日の気分や季節によって香りの違うものを選ぶこともあります。

お風呂上がりのルーティンは、足のマッサージです。年齢を重ねてくると足がむくみやすくなります。片足だいたい五分くらい、これもリンパの流れをよくするように意識してやっています。足がむくみやすい女性にはお勧めですよ。

スッキリ！
足のリンパ
マッサージ

かかとに近い足首から、ひざの裏に向けて左右の手のひらで強めに絞っていきます。左右の足を１分間ずつ。また、ひざ小僧からひざ裏に向かって同様に。すっきりむくみのない足になります。

脚の内側をつけ根（そけい部）に向かって左右の手のひらで同じく強めに絞っていきます。左右の足を１分間ずつ。セルライトの撃退にも効果あり。最後に足全体とひざ裏をもみほぐして終了です。

Rika's method

スキンケア

若さにまかせて日焼けも気にしなかった二十代。マリンスポーツにはまって、コスメに関心もなく、ほぼノーメークの状態でした。今では日ごろの素肌の状態をいい状態にキープすることを主眼にしています。これには努力と根気、継続が必要です。

オフのときは、家ではいつもスッピン状態。肌もオンとオフがなければ疲れてしまいます。私はいつも手に届く位置にどかんとローションを置いて、乾燥しがちな肌に常に水分補給をするように心がけています。補給するついでに顔のマッサージもします。我流ですが、リンパの流れを意識して、下から上へ、中心から首に流すようにマッサージします。

朝と夜のスキンケアに使うコスメは以下のとおりです。

（朝）
玉樹スペシャルソープ
クリニーク　ホワイトローション

インプレス　ローションⅡ
ドクターアリーヴォ（フェイストリートメント）マシーン（週2回使用）
シスレー　エコロジカルコムバウンド
EVOセラムリアルシー

（夜）
自由が丘クリニックドクターズコスメティクス・クレンジングウォーター
玉樹スペシャルソープ
クリニーク　ホワイトローション
SKⅡセルミネーションMASK-INローション
ロート製薬　極潤（お風呂上りに、全身たっぷりたたきこむ）
クリニーク　ダーマホワイトCL302
SUQQU　アイクリーム
インプレス　クリームエクセレント

ここまでたどり着くにはかなりの試行錯誤がありました。実際に自分で試して、いいものはブランドや価格にこだわらずとり込んでいます。そしてその時々で自分にマ

リフトアップ効果も！
顔のリンパマッサージ

基本は、耳の前のリンパ節へリンパを集めて、
鎖骨のリンパ節へ流すイメージです。

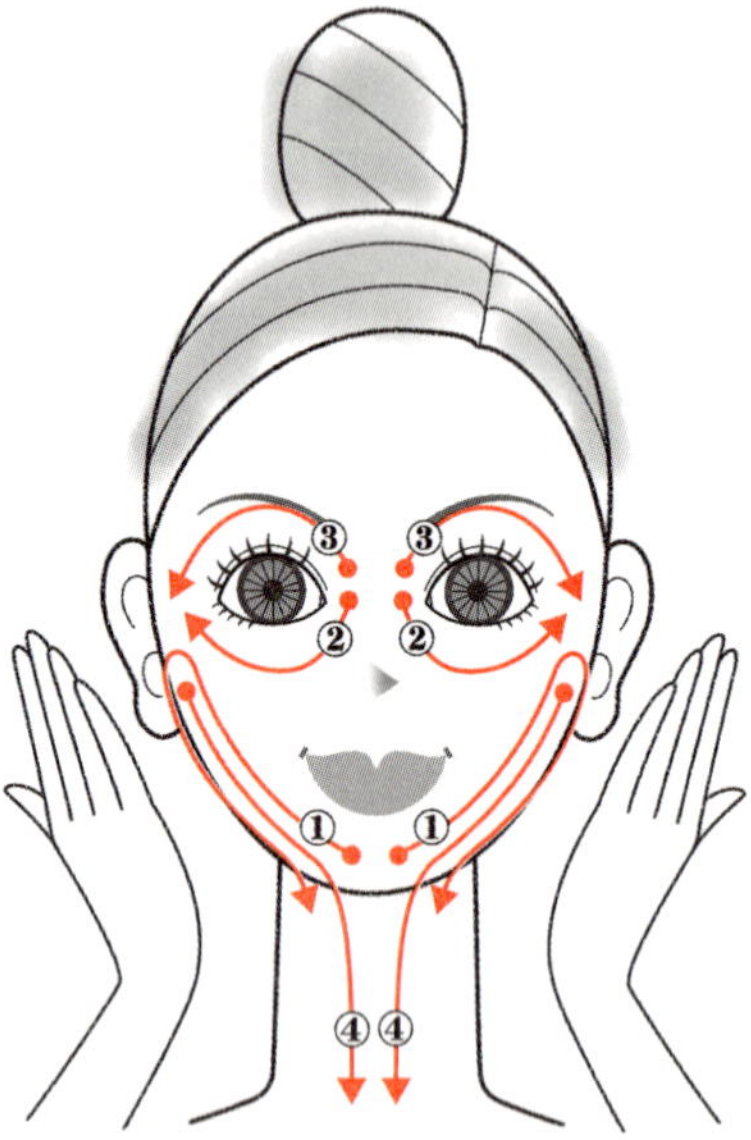

①フェイスラインから首へ、そこから耳の前に向かって気持ちがいいなと思うくらいの強さで。②顔の中心から、頬骨を通って耳の前へ。③目頭から目じり、耳の前へ。④耳の下に集まったリンパを優しく鎖骨のほうへ流します。

ッチするコスメを使います。

三年ほど前からお風呂で美顔器を使うようになりました。友人が勧めてくれて、使ってみると毛穴が引き締まり、効果がすぐに出ました。私はこの即効性に弱いんです。ナショナルのお風呂で使える防水タイプの超音波美顔器です。専用のジェルがついていて、顔全体をマッサージ。湯気で毛穴が開いているせいか、気になる小鼻の毛穴の黒ずみもばっちりとれます。

Rika's method

メイク術

メイクのポイントはアイメイク。私の場合、まぶたのたるみが気になっていました。加えて目もとが乾燥しがちで小じわが多いことも。

雑誌の撮影でプロのメイクさんから私に合ったアイメイクの方法を教えていただき、今も活用しています。約一五分でできる基本アイメイクをご紹介します。

①　アイクリーム適量を目頭から目じりに向けてなじませ、顔全体に使う化粧下地を指で塗る。

②　リキッドファンデーションは、ちゃんと筆を使って伸ばせばムラなく伸びるので、化粧崩れしにくい。ベースとしてクリームアイシャドウを伸ばす。

③　クリームアイシャドウと同色のパウダーシャドウを目の際中心に押える。リキッドアイライナーでインサイドラインを入れると目もとがはっきりします。

④水溶きタイプのアイライナーで目を囲むようにラインを入れ、茶系のシャドウをやや太めに入れます。アイラインをグラデーションにすることで自然な印象に。

⑤下のラインを水溶きタイプのアイライナーで細く目のふちを囲んでいき、明るめのシャドウを目の下全体に平筆で入れます。

⑥たれ目がちな私は、眉をシャープに仕上げます。そして、まつ毛の根もとより数ミリ上側をビューラーで上げます。

⑦マスカラでボリュームアップ。上のまつ毛は中央部分をより多めにし、下のまつ毛は一本一本に塗るように丁寧に。

Rika's method

癒しのグッズたち

カラダの疲れだけではなく、毎日のココロの疲れを癒すことも重要です。仕事で疲れて帰ってカラダのケアはしていても、意外に見落としがちなのがこの部分。つい深夜テレビのバラエティ番組を見てしまって、無為に時間を過ごしてしまう人が多いと聞きます。でも、それもまたストレス解消の一つですからたまにはいいのではないでしょうか。

でも、ココロから寛ぐには、もっと積極的に「自分を癒してあげる」という意識で、自分の定番癒しアイテムや、癒しの〝儀式〟を作ると、より効率的で時間の無駄がないように思います。

私を癒してくれるのは香り。お気に入りの香りのアロマオイルやお香を焚くと、一日にあった多少のつらいことなんて吹っ飛んでしまいます。防犯上、これはお勧めできませんが、外気

に触れることが好きな私は、寝るときに窓を開けっ放しにしてお香を焚いたまま寝ることもあります。

そして私はタオルフェチです。パリッと糊の利いたコットンのシーツもいいのですが、柔らかく上質な厚手のタオルシーツが好きです。疲れて帰って、ベッドにもぐりこむと、ふかふかのタオル地のシーツが自分の体温に同化してすぐに安心して眠ってしまいます。

Rika's method

心に栄養を――読書

カラダにはサプリメントなど、足りない栄養を比較的簡単に補うことができます。でも、ココロに効くサプリメントとなると、ビタミンCとか、カルシウムといった具合にわかりやすいカタチでは売っていません。

私のココロのサプリメントは、就寝前の軽い読書。これは、読書と言えるほどのものではありません。

『星の王子さま』は私にとっては特別な一冊。幼稚園の先生をしていたときに子どもたちに読み聞かせていましたが、そのときはよく内容を理解していませんでした。大学の心理学科で作者のサン＝テグジュペリの生い立ちや、主人公の心理状態などについて勉強して興味をもちました。

以来、悩んだり壁にぶつかったときにこの本を何気なく開くと、さまざまなヒントを与えてくれます。「愛」「自分自身」「信じる気持ち」など、この本から学べることは本当

に幅広くて、読むたびに新鮮な発見があるのです。

もう一冊が、写真集の『微笑みの降る星』。長倉洋海さんというカメラマンの撮った、世界の紛争地域や経済的に貧しい貧困地域、国の子どもたちの写真集です。そこにあるのは、溢れんばかりの子どもたちの笑顔なのです。

どんな過酷な状況でも、人間はこんなに素敵な笑顔ができるんだと思うと、人間って、生きるって、やっぱり素晴らしいな、と思えるのです。こんなふうにポジティブな気持ちをもっていると、一日無事に元気に暮らせたことに感謝の気持ちが自然と湧いてくるものです。

Rika's method

姿勢を正す

初対面の人と会うとき、第一印象はとても大切です。いくら素敵な服を着て、ばっちりお化粧していても、姿勢が悪いとすべてが台無し。特に猫背やうつむきがちの人は、相手に暗い印象や老け込んだ印象を与えてしまうものです。

女性にとって鏡は必需品。家のいろいろな場所に鏡はあるものですが、できることなら全身が映せる大きな鏡をリビングや玄関などに配置し、つねに自分の姿勢をチェックしてみることをお勧めします。

モデルらしいポージングや歩き方は私にはよくわかりませんが、仕事柄写真を撮られることが多いので、自分なりに姿勢には気をつけています。立つときには、よく言

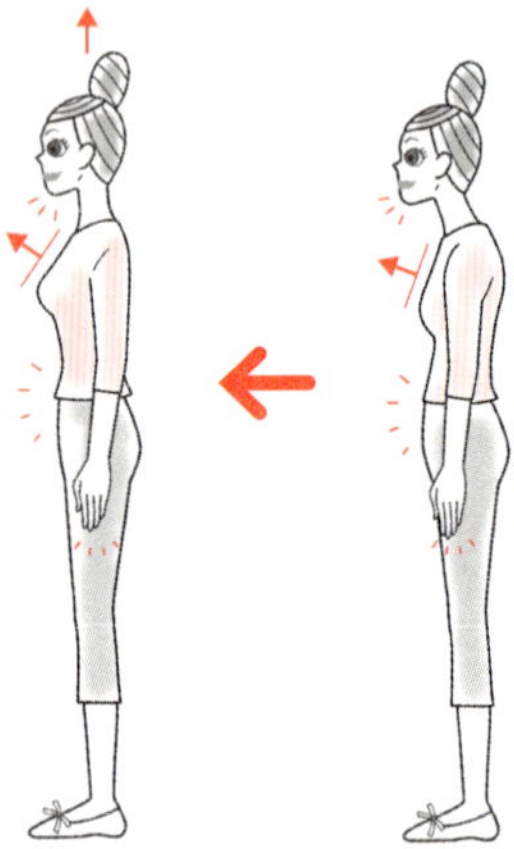

われることですが、頭のてっぺんが宙からつられているようなイメージで。背骨をまっすぐにするように意識して、あごを引き、下腹にやや力を入れキュッと引き締めます。

上半身の姿勢を正せば、脚の内側、外側両方の筋肉が鍛えられて、O脚に効果があると聞きます。さらに、胸を張っていれば呼吸がしやすく、酸素がたくさん吸えてカラダ全体の代謝が上がるという思わぬ効果もあるようです。

仕事上パソコンに長時間向かったり、デスクワークが中心の人は、猫背に特に気をつけてくださいね。なかなか普段の意識だけで姿勢がよくならない場合はカイロプラクティックで、定期的に骨のゆがみの矯正を受けることも効果的でしょう。

継続力を身につけるために

■ターゲット行動、ライバル行動

行動科学においては、①自分のためになるいい行動を増やす、②自分のためにならない悪い行動を減らす、の二つをセルフコントロールするだけで物事の〝継続〟に成功し、目標は必ず達成できると考えます。

たとえばラストゴールが「オンナを磨く」だった場合。望ましい行動には、外国語の学習、資格取得、ダイエット、ファッションセンスを磨く、自分のためになる交友関係を広げるなど、将来にポジティブな結果をもたらしてくれるものが挙げられます。対して、悪い行動には、酒、煙草、ギャンブル、生活習慣や食習慣の乱れなど将来のデメリットやリスクが予想されるのになかなかやめられない行動が挙げられます。

最終目標は同じでも、自分にとっては、いい行動を増やす、悪い行動を減らすのどちらをターゲットにするのが向いているかをじっくり考えましょう。

次に注意が必要なのが、ターゲット行動の実現を邪魔する「ライバル行動」の存在です。たとえば、生活習慣の乱れを正し、美しいカラダを手に入れようと「ジョギング」をターゲット行動に決めたとき、面白いテレビがある、外は寒いので暖かい家にいたい、ゴロゴロしながらマンガが読みたい、ケーキなど甘いデザートや美味しい料理をお腹いっぱい食べたいなど、ジョギングよりも楽しそうに思える行動が邪魔をし、あなたを誘惑します。この場合は、ジョギングウエアやシューズをいつも用意しておき、すぐ出かけられるようにする（行動のヘルプ）、スタイルがよくなったら欲しい洋服を買っていい（動機づけ条件の強化）などの対策で誘惑をはねのけましょう。

ターゲット行動が決まったら、モデルとなるお手本を見つけ、積極的に真似ることも有効な方法です。

■モデリング

モデルとするのは、自分の好きなタレントや女優など〝女性として素敵に輝いて生きている人〟、会社で仕事をバリバリこなす憧れの女性上司、母として妻としての規範を常に身近で教えてくれた自分の母親など、あなたが尊敬できる人がよいでしょう。人生の目標としたい人のなかから、これはと思う人を探してください。ただしモデルのすべて（ライフスタイル、考え方、教養、ファッション、人との接し方、言動や立ち居振る舞い等々）をそのまま真似ようとすると、かえって自分を追いつめて実行することが嫌になってしまいます。注意深く観察し、真似るのは多くても五つくらいがよいでしょう。

モデリングとともに有効なのが、実行・継続の目的（ターゲット行動・ライバル行動）を明確にすることです。そのために有効なのが「言語化」です。

■「言語化」による行動強化

行動科学では、こうなりたい・こう変わりたいという最終目標（ラストゴール）を一気に達成することは無理なのだから、そこに至るまでのプロセスをなるべく多くの中間目標（スモールゴール）に分解して、少しの行動でクリアしやすくする、それを積み重ねていくことが成功への早道だと考えます。

ですから何月何日までに目標を達成するといったスケジュール、クリアすべき数値目標、そのためにはどういう行動をとるのかなどを明確にするため、頭の中で漠然と考えるのではなく、実際にメモに書き出して整理整頓することが重要です。一つの目安としては、何も知らない人がメモを見てもすべて理解できる、同じように行動できるレベルまで詳細に書きましょう。

ここまで計画できたら、あとは実行・継続するだけ。何かを続けたら・努力したら、必ずいいことがあるとココロとカラダに教え込む、「チェックリスト」による行動強化が有効です。

■「チェックリスト」のススメ

チェックリストとは、事前に決めた「その日にクリアすべき行動目標」をリスト化したものです。できなかったことを反省するのではなく、「おっ、もうこんなに続けているんだ！　私ってスゴイ！」「もうすぐ最終目標。がんばらなくっちゃ」などと自分の行動をポジティブに肯定し、実行および継続を成功に導くためのツールです。

複雑にしたり、項目を多くしすぎるとクリアが難しいので、一日に一～三つ程度のクリア可能な内容にします。たとえば、ラストゴールが「内面を磨く、教養を身につけるため読書時間を増やす」だとしたら、

①月に一冊、本を買う

②買った本は、いつでも読めるようにデスクやテーブルの上に置いておく

③週に二回、一回に五分程度でいいので必ず本を読む、などでいいのです。

こうした簡単な内容を確実にクリアすることを通して、努力すれば必ず報われることや達成感が自分のココロとカラダに染み込み、いつしか「継続力」が身についているのです。

Chapter 4

愛される女になる

人との出会いで人生は変わる

人生は一度きり

いろいろな悩みや、迷いを抱えて生きていくのが人間ですが、あまりに多く抱えすぎると身動きがとれなくなるものです。私は、動きをとめないことが人生を輝いて生きる秘訣だと思っています。そして、年齢を重ねるほどに動きをとめないことが重要です。

「あれもできない」「これもしたくない」なんて、マイナスの思考に陥るのは動きがとまっている証拠。とまっているからマイナス思考に陥る。こんな悪循環を断ち切るには、あれこれ考えるヒマを自分に与えず、思い切って飛び込んでみる勇気が必要です。自分のセンサーにちょっとでもひっかかったことは、実際にやってみること。誰でも若いころにはこのセンサーが活発に働きます。センサーは、好奇心とも言い換えられます。

二〇年ほど前に、私は社交ダンスをやろうと勇み足で近所のダンス教室のトビラを威勢よく開けました。ダンスそのものに興味があったわけではなく、単純にあの非日常的な衣装をかっこよく着てみたいと思ったからです。しかし、トビラを開けて数秒後、「失礼しましたあー」と、開けたトビラを閉めていました。その理由は、教室に漂っていた独特の雰囲気になじめなかったからです。若かったんですね……。約一〇年後に再チャレンジして二度の大会に参加するまでになりましたが、そんな失敗だって、いっぱいいっぱいあっていいと思います。

あれこれ悩んだり迷ったりしていると、本当に人生なんてあっという間なんですから、何もできずに終わってしまいます。楽しく前向きに生きるも人生、暗くうつむいて生きるも人生です。どうせなら楽しく前向きに生きたい。そのためには、自分で人生を切り開く行動力が必要です。

やりたいことはたくさんあっても、日々の雑事に追われて、「日常」という同じような日を繰り返してしまいがち。私自身は、マンネリだなあと感じたときは、自分にカツを入れ、現状を突き破るべく行動を起こします。

動いているからこそ、出会いがある

人の一生って、結局、どんな人に出会ってきたかで大きく変わるもの。出会いがあれば別れもある。誰しもいつかは人生の幕をひく以上は、出会ってきた数だけ別れもあるということです。でも、別れを必要以上に恐れることはないと思います。いい出会いの数だけ、いい別れもあるのですから。

私の人生の最大のテーマは、人生最期のときに後悔しないこと。「ああしておけばよかった」「こうしておくべきだった」などと最期の瞬間に思うのは絶対にイヤなのです。裏返してみれば、だからこそ一瞬の充実感を大切に生きていきたい。

先ほど、動きをとめないことが大切だと書きましたが、それはただ自分のやりたいことにチャレンジするということだけではなく、自分が動いていれば動いているほど多くの人に出会うチャンスが増えるからなんです。この、「人と出会うチャンスを増やす」ということはとても重要だと思います。

自分が動けば動くほど、素敵な人に出会う確率は高まります。確かに、イヤな人と出会う確率も多くなるでしょう。そういう人とは、うまく距離をとればいいと思います。無理に合わせたり、必要以上に気をつかったりするのは、単純に精神的なエネルギーのロスです。

会社の上司とか、子どもの幼稚園の友達の母親同士など、なかなか距離をとろうにも難しい場合もあるでしょう。それでも、本当にその人のことがイヤであれば、波風立てることはありませんが、あまり我慢する必要はないと私は思います。つき合っていかざるを得ない以上、真正面からぶつからないようにどうにか工夫して、自分がストレスをためこまなくてすむ方法を考えて対処してください。

それよりも、素敵な人と出会う確率が高くなるという部分を信じて、さまざまな行動を起こしてみることをお勧めします。料理教室だって、英語教室だっていいでしょうし、スポーツジムに入会するのもいいですね。私の経験を振り返っても、動き続けたからこそいい出会いをたくさんいただいてきたと確信できます。

他者のアドバイスに耳を傾ける

私たちくらいの年代になると、好みや嗜好がある程度固まってくるものです。それだけの経験を積み重ねてきているわけですから、そうなるのも自然なことですね。自分のスタイルを確立するのはいいことですが、あまりにもそこにこだわっていると、思わぬ損をすることもあるので注意してくださいね。

たとえば、ヘアメイク。私は仕事柄、プロのヘアメイクさんにその時々の撮影や収録に合わせて、あるいは服装に合わせて、ヘアメイクをしていただきます。ほぼ完全にプロにすべてお任せ。特に長年つき合っているヘアメイクさんは、私の魅力を最大限に引き出してくださるので、何も注文しなくてもほとんど思いどおりのヘアスタイルに仕上げてくださいます。

ある美容師さんに聞いた話では、たまに、事細かに注文するお客さまがいらっしゃるそうです。注文どおりに仕上げるのがプロですから、そのとおりにするのですが、残念な思いをすることがあると言います。「たまにはこんなヘアスタイルいかがですか」とアドバイスをしても、聞く耳をもたないお客様も多いのだとか。勝手な思い込みで自分のスタイルを固定してしまうと、結果的に自分に似合うかもしれない、せっかくの新しいスタイルから遠ざかってしまうかもしれないのです。

人間は三六〇度視界があるわけではありません。いくら客観的な視点をもった人であっても自分のすべてを把握することは無理なのですから、プロに任せるべきは、思い切って任せてしまうことも大切ではないでしょうか。他者の目をもっと信頼するのです。

思い込みを捨てることは大切です。「食わず嫌いはやめましょう」と、トークショーなどで私はよくみなさんに語りかけます。

子どものころ、嫌いだったものも大人になって食べてみると、「あら、美味しい……」なんてこともよくあること。ずいぶん前の話ですが、あるお寿司屋さんで、お好みで握ってもらっていたら、あまり好きではなかったコハダが出てきました。いいお寿司屋さんだったので、思い切って食べてみると、「まあっ」という感じで、もう一貫注文していました。

仕事でも同じではないでしょうか。あまりに自分のスタイルに固執すると、いつもこなしているルーティンならともかく、まったく新しい仕事に関わったときに、何をどうしていいのかわからなくなってしまいます。

だから、信頼できる他人の目を信じて、相談し、アドバイスをもらうことが大切なのです。もちろん、そのアドバイスどおりにしなければならないということはありません。ただ、「私にはこう見えている問題も、ほかの人にはこう見えるんだ」と、考えの幅（あるいは選択の幅）を広げることができ、結果としてよい選択ができるはずです。

礼節を守れる女になる

キレイは内面からにじみ出る

ココロが表に現われるのが、マナーや礼儀、しぐさなどです。社員研修などでも、まず挨拶の仕方、名刺の出し方などから教わりますね。こうした部分は、学校で習うものではないので、どう身につければいいかわからない方も多いでしょう。茶道や華道を習ってみるのは、一つの方法だと思います。

カタチから入ってココロもついてくる。私は高校が女子校でしたので、華道と茶道はマナーなどと一緒に学ぶ機会がありました。それ以上に、母が茶道や華道をやっていて、それを見ていてなんとなく本格的に習ったような気でいます。

とにかくカタチから入ることは重要です。たとえば会社に朝一番に出勤して自分の机の上だけではなく、同僚の机も掃除してあげる（これは逆に嫌われることもあるので注意）、相手より先に大きな声で「おはようございます」「ありがとうございます」などの挨拶をする。

肝心なのは、自分中心ではなく、相手の立場になってどうすれば喜んでもらえるのかを考えること。人を気遣うとは、想像力を発揮して私があの人だったらどうされたら嬉しいかイメージしてみることでしょう。そして、決して見返りを求めないことです。人のためではなく、すべて自分のためにやっているのだと意識するのです。実際、自分の行ないは、よいも悪いも自分に返ってくるものです。

贈り物にも人間性、つまりその人のココロが現われます。相手との関係性や、どういうときの贈り物かによっても内容は大きく違ってきますね。

私が女友達に贈って喜ばれるのは、「和菓子」や「お花」です。女性の場合、甘いもの好きな人が多いのですが、洋菓子は自分が食べるためによく買っても、和菓子は贈答用に買うことが多くて、自分のために買う機会があまりありません。ですから、私が食べておいしいと感じた和菓子はチェックし、贈り物に使うようにしています。

また、手土産としてのお花は、お店でアレンジしてもらうのではなく、色合いやラッピングなどを含めて、相手の喜びそうなお花を選んでいます。

パソコンも携帯もメール全盛の時代で、手書きはもう古いとされています。しかし、ビジネスであれ、プライベートであれ、ここぞというときには、手書きをお勧めします。

字の上手い下手が気になるところですが、多少下手な字でも、丸っこい「女文字」でも、一生懸命にココロを込めて書いた字は、相手にその誠意が伝わります。それにパソコンに慣れると、漢字を自動変換してくれるので、漢字が書けなくなりがち。私もそうなのですが、たまには辞書を片手に、じっくり手紙をしたためるのも悪くないのでは？　いつの間にか多少は漢字の知識がついてくるのも嬉しいところですよ。

「常識」と「非常識」を上手に使い分ける

世間で常識とされていることが本当に常識なのか、自分の頭で考える必要があると思います。たまには常識を疑うことも大切だと思うのです。

世間の常識、非常識は時代によって変わってきますし、国が違えば正反対のこともあって驚くほどです。たとえば、日本では食事のとき、お茶碗をもって食べるのが当たり前ですが、お隣の韓国では、それは行儀の悪いこと。お茶碗は、テーブルの上に置いたまま、箸でご飯を口に運ぶといいます。

大人の女性として、礼節やマナーを守ることは大切ですが、あまり堅苦しく考えすぎず、たまには、この常識の部分をあえて意識的にはずしてみるのも面白いものです。

「あえてはずす」あるいは「崩す」という感覚、これはファッションを例に出すとわかりやすいと思います。定番のトラッドジャケットの下にあえてデニム地のシャツを着る。逆に、ボロボロのジーンズファッションに、ひと粒ダイヤのネックレスをつける。フォーマルスーツにあえてカジュアルで動きやすい靴を合わせる。こうした意外性がファッションの幅を広げます。もちろん、TPOをわきまえたうえでのお話。

私の場合、たまに言葉遣いを崩します。特別裕福な家庭に育ったわけではありませんが、いわゆる「箱入り娘」だった私は、三十代後半まで、友人や仕事関係の人から「リカさんは言葉遣いが上品すぎる」と指摘されていました。自分では気づかないので、「ふーん、そうなのかな」と思っていましたが、あまり多くの知人に言われて、ある日から意識的に、親しい間柄の会話では、たまに男言葉を織り交ぜるようにしました。

すると、すごく表現の幅が広がって、気持ちがいいのです。大げさに言えば生きるのがちょっとだけ楽になりました。もちろん、言葉遣いは、相手によってちゃんと変える必要があります。この辺は常識を守らないと、大きな誤解を招きかねませんから注意してくださいね。

人間は、いつの間にか常識という枠で、自己規制をかけているのだと気づかされます。要するに自分らしく生きるためには、もっと自分本位になる部分があってもいいということ。いいえ、あったほうがいい。

たとえば、私は少し前までミニスカートを積極的に着るようにしていました。世間では、「ミニなんて、若い子たちが着るもの。せいぜい三十代前半まで」という暗黙の了解というか、常識があったように思います。でも、あまのじゃくな私は、「四十代だってキレイに着こなせる」と、同世代の女性を鼓舞するつもりで着ていました。

世間一般の常識に縛られるのではなく、大人の女として、上手に常識と非常識を使いこなせば、きっと自由に素敵になれるでしょうし、生きるのがもっと楽になるはずです。社会のモラルやルールは守りながら、常識を疑って、たまには軽やかにその壁を超えてみる。そんな女性はきっと、真に個性的で素敵に輝いています。

私たちはもっと無邪気に生きられるはずです。

〝コンサバ世代〟の責任

人間を世代で簡単に分類するのにはやや違和感があります。私よりひと回りくらい上の世代、「団塊の世代」も、周囲のこの世代を見るかぎり、価値観や性格は、一人ずつまったく違います。ただ、人間は生きていくうえで環境の影響は確実に受けるものです。経済状況や価値観など、時代の空気は、いつの間にかその人に深く浸透するようです。

かく言う私は、バブル全盛のころに青春時代を謳歌した世代。私は〝コンサバ世代〟と呼んでいます。この世代の特徴をひと言で表わすと、経済的に繁栄した「いい時代」を知っているので大きな変化を好まず、冒険ができない傾向があるということ。いわゆる保守的な世代なのです。

自由奔放に、自分らしく生きているように見えると言われる私も、やはり自分の中に「コンサバ」な部分が多くあることは自覚しています。「リカちゃんは、ディズニーランドと、演歌が同居した人だね」と評したのはテリー伊藤さんですが、私の矛盾した特質をとてもうまく表現してくださった言葉だと思います。夢見がちな部分と、古い部分が同居しているのです。

実際、さまざまなことに挑戦はしているものの、「生きるか死ぬか、伸るか反るか」というような、身の危険を冒してまでの挑戦はやったことがありません。テーマパークのように身の安全を保障された、〝カキワリの世界〟で遊んでいるようなところがありました。

この世代のいいところもあります。社会に生きる人間として、礼儀や礼節を大切にして、親から伝えられた日本の伝統的な価値観を守ろうとする傾向が強いようです。私の場合は、目上の方を尊重し、女性は男性の後ろに一歩下がってついていく。料理は手作りが基本で、季節のしつらいなどにも工夫を凝らす……などなど、これぞ〝昭和のお母さん〟という母親に育てられた影響が色濃く残っています。

今の二十代、三十代の女性にそんなことを言ってもほとんど通じないでしょうね。女性の権利がある程度認められ、時代のモードをけん引するのは女性という「女の時代」を迎えて、今さら一歩下がってというのは古臭いと笑われても仕方がありませんよね。

でも、礼儀やマナーは、人が人を尊重し大切にすることですから、時代がどんなに変わっても、大切にしていくべきことでしょう。（TPOに合わせた）言葉遣いや、しぐさなど、女性が女性らしくあることも、同じように大切なことだと私は思います。こうした古きよき価値観をもっと若い世代に伝えていくことが、私たちの世代の責任の一つだと思っています。

周囲の人を大切にする

友人・仕事仲間

オープンな性格のせいでしょうか、私は友人や仕事仲間には本当に恵まれてきたと思います。私がこうして元気にいつも精力的に活動できるのは、すこしは自分自身のがんばりもあると自負していますが、この仲間たちあってのこと。

人とつき合ううえで大切なのは、普段から他人に本音で接することなのではないかと思います。本音というのは、何も思ったことをそのまま口に出すということではありません。場合によっては誤解を受けて大きな軋轢《あつれき》を生んでしまいます。

私が普段から心がけていることは、素直に、誠実に人と向き合うことです。自分を必要以上に大きく見せようとか、仕事を有利に進めたいとかの打算など一切なく、素の自分で人と向かい合うこと。つまり自然体でいることが大切です。

自分をさらけ出せる友人や仕事仲間をたくさん作れるといいですね。人から愛される女性になるためには、自分の周りにバリアを張りすぎないことです。私の場合は、無防備すぎると友人から指摘されることもありますから、社会で生きていくうえで、多少のバリアは必要なのでしょうけれど。

最近は、友人に会ってお茶をしてもやや不完全燃焼気味。五十歳くらいになると、それぞれに深刻な問題を抱えているものです。その内容は親の介護だったり、嫁姑の確執だったり、夫とのディスコミュニケーションなど、どれもヘビーな話題ばかりです。いくら友人でも、話を聞くだけでアドバイスもしにくい、安易には立ち入れなくなってきているのです。

二十代、三十代のころは、将来の夢やビジョンを語り合って、熱くアドバイスし合ったり、共感したりしていました。悩みにもポジティブな側面があって、今振り返ると楽しい時間でした。若いときに腹を割ってお話ができる友達がいることは、本当に大きな財産です。できるだけ、友人と仕事仲間を大切にしてほしいと思います。

母親について

幼いころに虚弱体質だった私を、母親はなによりもまず「健康であってくれればいい」と大切に育ててくれました。過保護気味だったためか、外ではおとなしいくせに家では本当にわがままな娘でしたが、よく我慢強く見守ってくれたと思います。実際、私にとっては今でも菩薩様のように慈愛に満ちた優しい存在で、見返りを求めない愛を教えてくれた人です。

現在の母は高齢となってカラダを悪くして入院したり、病院通いをする毎日ですが、それでもグチ一つこぼさず現状を受け入れ、バスに乗って通院しています。その後ろ姿に、年齢と病気によって弱ったカラダでも、人に頼らず自分の足で歩く「昭和の女」の強さを見る思いがします。自分に置き換えて考えると、同じようにカラダが弱って、こんなにしゃんとできるだろうかと思うのです。

母は、専業主婦として家庭を守り、私と弟、二人の子どもを育て上げました。朝は一番に早起きし、朝食の支度、お弁当作り、家族の送り出し、そして家電製品が今のように充実していない時代に、洗濯、掃除など全部一人でこなしてきたのです。

さらに華道や茶道のたしなみもあり、洋裁も得意で料理の腕は抜群！　お菓子も、クッキーやマドレーヌなど、いつも母は手作りをしてくれました。まさに理想的な母親像そのもの。

「親孝行したいときに親はなし」といいます。数年前から、母ができるだけ元気なうちにと、年に一度は母子二人で温泉地などに旅行をするようにしています。箱根や軽井沢などに出かけて、ゆっくりと旅館でくつろぎます。ハワイに行ったこともありました。このときばかりは私も一人の娘に戻って、何の気遣いもなくお互いが気持ちよくおしゃべりできる得難い時間を楽しんでいます。

ある時期、おそらく三十代くらいから、母娘の立場は逆転するようです。親は肉体的にも精神的にも弱くなり、娘は話を聞いてもらう立場から、聞いてあげる立場になるものです。

私は母のよき面をすべて受け継いできてはいません。しかし、「他者を気遣う」基本的なココロなどの精神的な部分は、その後ろ姿から吸収してきたと思います。「裏表なく人に接する」「見返りを求めない愛情」など、多くのことを教わりました。「この母に育てられてよかったなあ」。いつもそう思います。これから先も母を超えることはできないと思っていますが、私の精神的支柱として、あるいは一つのモデル、基準として、いつまでも影響を与え続けてくれる心強い味方です。

友達は多いほどいい

友達は老若男女を問わず、多いに越したことはありません。広く浅く、さまざまな人と関わりをもつことで、自分の世代や周囲の人の間では当たり前のことが、ほかの世代や別の職種の人には当たり前ではないことに気づくことができます。

異性の友達も多いにこしたことはないと思います。男女のあいだに友情は存在するか、というのは昔から異論があって簡単に答えの出ない難しい問題なのですが、私は「存在する」と思っています。サバサバした男のような性格の私は、同性よりも異性といるほうが、気楽なんですね。ですから、異性の友達もたくさんいます。

私はいわゆる恋愛体質ではありません。見た目の派手さからか誤解を受けることが多いのですが、じつは恋愛にはかなり慎重なほうです。

実際に「ひと目ボレ」をしたことがありません。これまでの恋愛を振り返っても、人間的に魅力を感じる人と親しくなり、つき合っていくなかで、だんだんとフィーリングや価値観が合い、尊敬できると感じることで次第に恋愛に変化していくという感じでした。

同性の友達は、ココロを許して「ガールズトーク」など、女性ならではの盛り上がり方ができます。最近では、「女子会」と称して飲み会をやったり、仲のいい女の子同士が旅行に出かけたりするようです。それはそれで大いに結構なことで、たまには異性の存在という緊張をほどいて、素の自分でいることも確かに大切でしょう。

ただ、女性はどうしても情の部分に流されて物事を考える傾向が強く、女性同士で相談し合って、互いに共感し、ストレスは発散できても、問題解決の糸口は何一つつかめないことが多いもの。対して男性は、比較的理性で物事を考えるので、何か悩み事や問題を抱えたとき、相談相手の置かれた状況を客観的に見て大きなヒントをくれることがあります。

自分と異質な人やものに触れていたほうが、人間性に深みが出てくるもの。多少の緊張感も自分を磨いてくれるいい刺激になるはずです。

女は恋愛で磨かれる

潤いのある女になる

女性の知人たちは、気になる人が現われたり、恋に落ちると口をそろえて「この頃カラダの調子がよくなった」と言います。詳しいことはわかりませんが、人間は恋をすると、ホルモンバランスなどが整って、自律神経にも働きかけ、実際に、血行がよくなり肌の調子もよくなるということがあるようです。

ある知人は、更年期の不定愁訴《しゅうそ》に悩まされ、何年間も漢方を処方してもらっていましたが、あまり効果を実感できませんでした。それなのに、恋をしたその日から、肩こりや頭痛などがきれいさっぱりなくなったと言います。極端な例ですが、恋はまさに劇薬。

私の周囲には、たくさんのキャリア女性がいます。ある三十代の女性は有能で、仕事柄、深夜までバリバリ仕事をして、会社にはなくてはならない存在。そんな彼女にある日、余計なお世話とは思いつつ「結婚は考えていないの？」と聞くと、意外な答えが返ってきました。

「だって、面倒くさいですよ」

瞬間、絶句しましたが、彼女の話を聞くうちに、「なるほど」と納得しました。彼女にとっては、仕事が大きな生きがいになっていて、人生の優先順位が高く、女性としての幸せもあきらめてはいないけれども、忙しすぎていい出会いがなかなかないというのです。

何人かの男性に出会ってつき合ったこともあるけれど、あまりに仕事が忙しくなかなか会えない彼女に、男性のほうが恋心を刺激され、「もっと自分のほうを向いてほしい」と電話やメール攻勢が始まり、彼女の気持ちが冷めてしまったこともあったとのこと。「追えば逃げ、逃げれば追う」。彼女にとって、仕事と恋愛の両立は、ことのほか難しいようです。

それでもやはり、環境のせいにしていては何の解決にもなりません。一生男性とつき合わなくてもいいという覚悟があるなら別ですが、あとで後悔する可能性があるならば、出会いをもっと大切にするべき。

「二兎を追うものは一兎も得ず」ということわざがありますが、本当にそうでしょうか。女性はさまざまな面をもっています。社会人であり、職業人であり、母であり、娘であり、妻であり、そして女であり……。そのどれもがかけがえのないもの。二兎どころの話ではありません。

そして女に生まれた以上は、やはりたくさん恋愛をして、愛し愛され、ときには失恋を経験しつつ傷つくのもいいと思います。恋愛の数だけ、女はより深く魅力をたたえるようになるでしょうし、年齢を重ねるほどに愛されるより、愛することの大切さがわかってくるものです。

失恋経験を糧にする

最近では、「草食系男子」に「肉食系女子」という言葉があるように、恋愛に対して積極的なのは、女性のようです。

恋愛において、きっかけを作るのは男性だという思い込みがある私は、古いタイプということになるのでしょうね。ですから、男性は選ぶ性であり、女性は選ばれる性であると思っています。

私の考え方でいくと、女性は男性に比べて理想の異性にめぐり合うチャンスが少ないわけです。アプローチしてきた男性のなかから選ぶことになるので、男性に比べて選択肢が少ない。「人生の主導権は常に自分」が私のポリシーですが、恋愛は相手ありきで関係性を築きあげていくものですから、なかなかそう一筋縄ではいきません。

このように、一度も告白したことがない代わりに、別れはほとんど私から切り出していましたが、一度だけフラれたことがあります。最初で最後の失恋です。十八歳から二十三歳まで、五年間ほどおつき合いをさせていただいた人でした。

若い男女なら誰もが経験するラブラブな交際時期もありましたが、片や歯学部の学生で、私は短大を卒業して幼稚園に就職。ありがちなパターンですが、互いの生活環境や社会的立ち位置が大きく変わってからすれ違いが生じたのです。

別れを切り出されたとき、フラれた経験のなかった私は「この人、何言ってるの？」ときょとんとしていたと思います。平静を装ってその場で泣き出しはしませんでしたが、「さよならっ」と言って家に帰って泣いたのを覚えています。意外に思われるかもしれませんが、一、二年間は、彼との別れをずっと引きずっていました。なにせ初めての経験なので「裏切られたあ！」と感じて悲劇のヒロイン状態でした。

こうした失恋の痛みは、時間が過ぎればかえって甘美な思い出になることもあるようです。私は過去を反芻することはほとんどありませんが、一つだけ言えることは、失恋はただつらいだけではなく、女性としてさらに輝く契機に変えることができるということです。

恋は突然やってくる

恋には計算も打算もいりません。もちろん、多少の駆け引きは、恋愛のスパイスとして必要な面があるでしょうが、恋愛は頭でするのではなく、ココロで、そしてカラダ全身でするものだと思うのです。

そして、それは思いがけない出会いというカタチで、ある日突然やってくるものです。だからこそ、普段から自分を磨いてその人と人間的にも深くつき合っていける自分でありたいものです。普段の行動、そして感性や、その人が物事をどう考えてきたかは、歳を重ねるほどに顔に現われるものですから。

この本のタイトルである「キレイの継続」は、ただ単にキレイになって男性にチヤホヤされたり、モテる女性になりましょうという意味ではありません。自分を磨き続けることは楽しいことで、生きるということは、自分磨きを楽しんでいくことだという提案です。

キレイとは、外見の美しさだけではなく、生活そのもの、つまりライフスタイルから美しくなって、イキイキと自分の人生をしっかりと自分の足で歩いていくこと。

せっかくの人生、年齢なんかにとらわれず、もっと自由にそして楽しく生きていきましょうよ！

Chapter 5
パートナーシップ

互いに磨き合って成長する

「自立は大切だけれど、自律はもっと大切」だと二章で書きました。「自立」、つまり経済的に自分の身で立つことはとても立派なこと。それ以上に、他者と関わり合いながら生きていくことは大切ですし、難しい側面もあります。だから「自律」が必要なのです。自律した人間同士だからこそ、良好なパートナーシップを結べるのだと思います。

パートナーには、相棒、配偶者、そしてビジネス上の協力関係に至るまで幅広い意味があります。スポーツ競技やダンスなどで二人一組になるときの相手もパートナーですね。パートナーシップとは、「友好的な協力関係」のこと。

ビジネスでも結婚でも、理想のパートナーを得ることは人生を輝いて生きていくために不可欠なことだと私は考えます。互いを尊重し、尊敬し合える関係を築いていくことがパートナーシップの条件となるでしょう。

相手に対して一方的に理想を求めるのではなく、まずは自分が理想の自分に近づくこと。そのために、毎日をイキイキと生きてキレイに輝きましょう。そのためには、社会のなかで、人のなかでさまざまな経験を積んで磨かれることです。人は人のなかでしか本当の意味では磨かれません。

〝難題をすらすら解決していくプロジェクトリーダー〟あるいは〝白馬の王子様〟をただ待っているだけで何一つ行動を起こさなければ、おそらく理想のパートナーに巡り合う機会は失われてしまうでしょう。パートナーシップとはどちらかが一方的に作り出すのではなく、お互いがお互いに支え合い、必要とし合うことで成り立つものだからです。

人は一人では生きていけない――よく耳にする言葉です。でも、若い知人の女性にそんなことを言うと、きっとこんな言葉が返ってくるでしょう。

「えーっ！　一人のほうが気楽じゃないですかぁ。だって、お金さえあれば一人で生きていけますよ」

最近は結婚しない三十代、四十代の男女が急増しています。それは、今この社会においては結婚という制度が、生きていくうえで必ずしも必要なものではなく、むしろ家事、育児やさまざまな雑事を抱え込むことになる。つまり、一人より二人のほうが、コストが高くなるという判断を意識的、無意識的に下しているからだと思います。

でも、これってまるでビジネスの発想です。結婚や恋愛とは、ビジネスのような利害関係を超えた愛情で結びつくものだと思うのですが……。その意味では、パートナーといっても利害関係で結びつくビジネスと、愛情で結びつく配偶者や恋人の場合は分けて考えなければなりません。

ギャップは軽やかに乗り越える

私は五十歳を前にして、離婚と結婚という激動の経験をしました。今は、夫となった萩原健一の妻として、彼の体調管理から精神面のケアに至るまでサポートに専心しています。

現在の生活では、ほぼ四六時中夫婦で行動を共にしており、仕事場や打ち合わせ場所に同行することもあります。そう、私たちは同じ時代に同じ時間を生きていくかけがえのないパートナーなのです。

萩原とは同じ寅年生まれ。ちょうど干支がひと回り違う夫婦です。歳が離れていますから、ジェネレーションギャップや育ってきた時代背景から価値観も違いますが、逆にそれを楽しんでいます。

お互いに、たくさんの人生経験を積んで一緒になったのですから、ギャップや違いがあって当たり前。大切なのは、それを認めつつ、お互いを尊重し合うことではないかと思います。

パートナーは人生に必要です。たくさんの友達に囲まれていても、いざ何かあったときに本当に頼りになる人がいなかったというのはよくある話。年齢を重ねていくと、健康面や経済面などさまざまな問題が浮上してきます。

今はカラダが動いて気持ちも溌剌としていても、人はいつか老いていき、最期のときを迎えます。自分の思うようにカラダが動かなくなって、面倒をみてくれる人も話を聞いてくれる人もいない。そんな状況を引き受ける覚悟があるのなら、パートナーは不要でしょう。これは未来にそれだけのリスクを引き受けるという余程の覚悟なしにはできないことです。

私は、結婚が女性にとって必ずしも人生のゴールだとは思っていません。長い人生における大きなイベントの一つだと思います。ただ、結婚することで、男女間のパートナーシップはさらに強化されるでしょう。他人同士だった男女が愛情で結びつき、信頼感と安心感を築いてゆく。結婚は〝究極のパートナーシップ〟になり得ると思います。

良好な関係性を継続するために

理想のパートナーシップを継続していくには、日ごろのメンテナンスが欠かせません。メンテナンスなんて言うと、ちょっと冷たい感じがしますが、要はいつも相手の立場に立って物事を考え、密にコミュニケーションをとって、きめ細やかに心を遣うということです。

距離が近い関係であるほど、つい、惰性や無関心、依存に陥りがちです。どんな夫婦も恋人同士も、ちょっとしたボタンのかけ違えや、些細な溝はできてくるもの。積み重なれば、大きな亀裂になりかねません。それを見て見ないふりをせず、日々新たにしていく。つまり、二人の関係性を毎日更新していくことが、パートナーシップにおいては最も重要だと考えます。

たとえば家や車、日常使う道具などは経年劣化していくものです。しかし大切に使えば愛着がわき、どんなに古くなっても独特の味が出てきます。毎日の家事であるお部屋の掃除だって、手を抜かず（効率的に）キレイにすることでとても心地のいいお部屋になるでしょう。

人間関係も同じこと。パートナーシップとは、お互いが心地のいいお部屋にいられるように、メンテナンスを怠らず、常に新鮮な空気を入れ替えることで維持されるのだと思います。互いの関係性（お部屋）を調整（メンテナンス）していく能力を培うことが大事なのです。

もちろん、あまり堅苦しく考えないで、手を抜けるところは抜いて完璧を求めないようにしましょう。良好な関係性を維持するための努力は必要ですが、それは過度に自分を押し殺したり、我慢したり、耐えることとは違います。

彼との関係がどうもうまくいかないなあと感じるときは、自分を見つめ直してみてください。「心地のいい関係を二人で築く」ことが目的なのに、いつの間にか目的が、「関係性をとにかく維持する」ことにすり替わっていませんか？　お部屋の掃除を毎日するのは快適に暮らすためですが、掃除自体が目的になってしまうと、ちょっとしたホコリや髪の毛一本に目が行ってしまって快適どころではなくなります。

理想のパートナーシップとは

パートナーに過度な期待や依存をしてはいませんか？　つい、親と同じように考えてしまって、「何でも任せておけば大丈夫」「何でもわかってくれるはず」という態度では、よいパートナーシップは結べないでしょう。

二十年、三十年、四十年、まったく違う人生を歩んできた二人。個を確立した二人が一組になるのですから、そこにはさまざまな障壁やギャップが生じて当然です。価値観や経験、環境は程度の差はあっても、違って当たり前なのです。


萩原と私の年齢差は十二歳、育ってきた時代背景も価値観も、もちろん聴いてきた音楽も観てきた映画も違います。でも、そんなギャップや違いを私たちは味わっています。二人の年齢を足して割ると五十五歳〈(61＋49)÷2＝55〉。彼は五十五歳に若返ることができ、私は精神的に五十五歳に成長することができます。これは結婚に限らず、どんなパートナーにも当てはまる公式です。

私はロック音楽に興味がなかったのですが、彼が聴くローリング・ストーンズってどんなものだろうと、一緒に聴きながら、いろいろその魅力について話を聞いているうちに「なるほど……」とその魅力がわかったり、逆に、私が普段よく聴いているお気に入りの曲のなかから彼の好きそうな曲をｉＰｏｄに入れてプレゼントしたり。すると、「へえ、こんな曲聴いていたんだね。この曲いいね」と刺激になって、仕事のヒントになることもあると言います。

こんなふうに、価値観を徐々にすり合わせていくのって楽しいことです。長年連れ添った夫婦って、姿かたちがそっくり似てくるということがあります。そういうのっていいなあ、と思いますが、それは長い時間かかってたどり着けることですね。

いきなり「あなたの全部を知りたい」「私の全部をわかってほしい」なんて無茶なこと。焦らず、じっくり互いの距離を確認しながら近づいていく。そこには愛情に裏打ちされた好奇心があります。何歳になっても好奇心を失わない生き方は、パートナーシップを築いていくうえでも大切なことです。

ただし、どれほど愛している人、近しい相手であっても自分と同一化することなんて不可能ですし、それは無意味です。相手を完全に同一視してしまうと、ちょっとした行き違いにも「カチンッ」とくるようになってしまいます。〝心地のいいお部屋〟にいるのは、それぞれ違いをもった二人の人間です。違うからこそ面白いし、そこからさまざまなことを学んで人間としての幅を広げ、互いに成長できるのです。

互いに同じ方向を向いて、それぞれの人生を生きていく。順境、逆境、どんなときも助け合い、支え合いながら寄り添うこと、それが理想のパートナーシップではないでしょうか。

まず、自分が変わる

倦怠期の夫婦や恋人同士に見られるのは、互いへの無関心。二人の関係を結ぶ〝お部屋〟に誰もいない状態では、クモの巣がはってホコリも積り放題でしょう。そんな状態を改善しようと思うなら、まず自分からお部屋の大掃除をして相手を迎え入れること。お花を替えたり、絵を飾ったり、いろいろ試してみるのもいいと思います。

さまざまな努力をしたうえで、それでも関係が修復不可能だと判断せざるを得ない場合、価値観が決定的に違ってしまっている場合、その関係性にしがみつく必要はないのではと思います。

パートナーシップとは、お互いに歩み寄ることです。育ってきた時代も文化も違う男女が、限りなく距離を縮めていく。すると、視野が広がってきて、考え方、物事のとらえ方の幅が広がっていきます。さらに、相手の立場に立って物事を考えるということは、客観力を身につけるもっとも効率的な方法です。それに、新たな自分、感性が生まれてくるものです。

パートナーの年齢によって、その世代の価値観や文化を吸収することができ、思いがけない考え方や問題を解決するヒントを得ることができます。

私の場合は、主人がすでに還暦を過ぎているので、冗談半分に、「ああ、私、老けちゃったかなぁ」なんて言ってしまいます。反対に主人は、私と一緒になって、若くなったと言われることが多いようですけれど……。

少なくとも、彼は人生の終盤に差しかかり、老いを意識する年齢ですから、日常のなかにも人生の最期をどう迎えるか考えさせられることが多くなります。萩原はたまに、「君一人を置いて先に逝けない」なんて言います。私はわざと鼓舞するつもりで、「あなたの介護をするために一緒になったわけじゃないわ」と憎まれ口で返します。今、この瞬間を一緒に生きるために一緒になったのですから。

若い方には抹香臭い話かもしれませんが、死を意識することで、今、このとき、この瞬間を大切な人と一緒に生きていることに、これまで以上に感謝することができるようになりました。よいパートナーを得ることで、人生の幅は二倍になる。これって素敵なことだと思いませんか。

男性に自信をもたせる女性になる

最近は女性が元気になっている一方で、男性が元気を失っているようです。自分に自信のない、あるいは主体性のない男性が多くなって、女性は男性に多くを期待せず、半ばあきらめているような状況もあると聞きます。

私の年下の友人は、五年間つき合っている彼がいるのですが、イマイチはっきりしない優柔不断な性格らしく、そろそろ結婚したいんだけど踏み切れないそうです。

大変不景気な時代、経済状況だけが原因ではないと思いますが、男性が自信を失っているのもわかるような気がします。でも、世の中には男と女しかいないのですから、ここは女性が男性をもち上げるくらいの気持ちで接する必要があるのではないでしょうか。

私は長年幼児教育に携わってきたので、男性が本来、メンタル面では女性よりも弱い部分があるということをよく理解できます。女性のほうが現実的でタフですし、判断も早い。幼児を見ていると、言語などのコミュニケーション能力は驚くほど男女差がある場合が多いのです。「傷つきやすく、甘えんぼ」。これが男性の本質でしょう。

私たちはみな、子どものころから「男は男らしく」、「女は女らしく」と、ある意味で刷り込まれて生きてきました。男性の場合、本質は弱くても社会的に「男らしく振る舞う」ことを要求されていきます。社会人として自立するために、あえて無理をしている。また、そうすることで成長していくのでしょうね。

男性を「男らしく」していくためには、ます、パートナーが「女性らしく」振る舞うこと。本当は自分一人でチャキチャキできることでも、男性を頼ってみる。すると、男性は見栄や体裁を気にする性質がありますから、気分をよくして「任せとけ！」って胸をたたくでしょう。

女性は、いい意味で〝女優〟でなければ。くれぐれも、ワンダーウーマンになってはダメですよ。

パートナーを褒め育てる

男性は女性に対して母性を求めるものだと感じます。ときに恋人として、ときに妹のように、そしてときに母のように接することも必要だと思うのです。母のようにと言っても、どちらが上に立つとか、主導権を握るということではありません。

母のような視点で、男性のよい部分を観察し、それを引き出してあげるという意識をもつこと。叱るのではなくて、いいと思うことは、できるだけ言葉にして伝えること。そう、褒め育てです。人間、褒められてイヤな気分がするということはありませんよね。

先日、私は萩原にこうアドバイスしました。「短気は損気よ」。彼の場合は、あれだけの実績を成し遂げてきた人ですから、面と向かって他人からアドバイスを受けることなんてほとんどありません。ですから、私はパートナーとして、彼に客観的な私の意見を伝えるようにしています。

ある日は、こんなふうに言いました。「私があなたを育てていくわ」。すると萩原はニコニコと嬉しそうにしてくれました。

こう書くと、何て高飛車な女だろうと思われてしまいそうですが、もちろんそれは互いの信頼関係があってのこと。背後に深い愛情があればこそ、口に出せる言葉です。「育てる」という言葉には、母のような無償の愛情で包み込んでいきたい、あなたを守ってあげたいという気持ちがあるのです。

いたずらで腕白なガキ大将だって、家に帰れば友達には決して見せない態度で母親に甘えるものです。男性は外に出れば七人の敵がいるといいますが、本当に信頼できる女性には甘えたい感情があるでしょう。仕事上のトラブル、失敗、人間関係の軋轢など、さまざまな問題を抱えて帰ってくる男性を、一番近いパートナーが支える。安心できる居場所を用意して、そこでは本音で話ができるように配慮する。

男性は強がったり、見栄を張ったりしがちですが、そんな男性がココロを裸にして、エネルギーを蓄えてまた社会に出て活躍できるように、そして彼の長所を生かせるようにするのも女性の役割であり、パートナーシップのカタチだと思うのです。

萩原と私は、年齢もこれまで築いてきた社会的な地位もまったく違います。でも、パートナーである以上、助け合い、支え合う面においては同等だと思っています。

親しき仲にも礼儀あり

人間は環境に慣れやすく、互いの関係性にも慣れてしまいがちです。ちょっとした行き違いから、つい相手の気持ちを考えずに自分の思いばかりをぶつけてしまって、喧嘩をして後悔する、なんてことありませんか？

「話し上手は、聞き上手」というように、自分の思いを言葉にする前に、まずは、相手の話を聞くようにしてはいかがでしょう。「話を聞く」と言っても、それは単に言葉として聞くというだけではありません。コミュニケーションは言葉だけではなく、表情や行動、雰囲気など、さまざまな要素があります。

相手を思い遣る気持ちと相手への関心があればこそ、言葉にならない言葉に耳を澄ませていただきたいと思います。特に日本の男性は不器用で、自分の気持ちを言葉にすることが不得意な人が多いもの。まず、男性のココロの声に耳を澄ませて、こちらから言葉をかけていくことで、誤解の少ない良好な関係が築けると思うのです。

また、朝起きたときの「おはよう」、何かしてもらったときの「ありがとう」、自分の非を素直に認める「ごめんなさい」などの挨拶や言葉かけは、関係が近いほどおざなりになってしまいがち。ある程度意識してするようにしたほうがいいと思います。

そしてやはり「I LOVE YOU」も恥ずかしがらずに毎日伝えることができたら素敵ですね。近しい人間だからこそ、不機嫌な顔を見せるのではなく、上機嫌の顔を見せたいもの。それはつまり、相手のためだけではなく、自分のためでもあるのです。

ビジネスでも、男女の間でも、必要なのはリスペクトの精神。自分が尊重するから、相手から尊重される。相手が尊重してくれないから、自分も尊重しない、ではなく、まず自分を振り返って自分の行動を客観的に考えてみてください。原因はじつは自分にあったと思えることもあるかもしれません。

相手に変わってほしいと思ったら、まず、自分が変わること。それが大切だと思います。

これからの私

この章を加筆することで本の出版を一か月ほど遅らせました。というのも、最近の萩原を見て「どんどん若々しくなっていくね」「素敵な笑顔だね」と多くの方に言っていただき、私のもとにパートナーシップに関するアドバイスがほしいという相談が何件かあったのです。互いを高め合うパートナーシップへの関心が非常に高いことがわかりました。より実用的な本にするべく、急いで加筆したのです。

これからは、人と人の絆がこれまで以上に大切になっていくでしょう。今後、大切なパートナーと絆を結ぶために、あるいはより固くしていくために、お役に立てれば幸いです。

私は、四十代の初めに中年の危機を迎えて、自分の人生を逆算し、残りの人生をこれまで以上に輝いて生きていきたいと強く望み、縁あって読者モデルをはじめ、さまざまなことにチャレンジしてきました。

今、振り返れば全速力で駆け抜けた四十代だったと思います。四十代最後の歳、現在は思いがけず、妻として主婦として生活をしています。

もちろん、私は妻という役割だけにとらわれず、それを軸としてちゃんと自分なりのベストを尽くしたうえで、これまで同様、自分を成長させるため、さまざまなことにまた挑戦していきたいと思っています。

この本が読者の方の参考になり、自分らしく自然体で、キレイにイキイキと毎日を過ごすためのヒントになれば幸いです。最後までおつき合いいただき、ありがとうございました。

キレイを手に入れた、あなたの毎日が素晴らしい日々であることを願っています。

Special　thanks
石田　淳（行動科学マネジメント研究所所長）
『STORY』（光文社）編集部

参考文献

『「続ける」技術』（フォレスト出版）
『すごい「実行力」』（三笠書房）
『続かない女のための続ける技術』（サンクチュアリ出版）
『行動科学で人生を変える』（フォレスト出版）
著者／石田　淳（4冊とも）

冨田リカ（とみた・りか）

神奈川県生まれ。小学校から短期大学まで洗足学園の一貫教育で学ぶ。短期大学卒業後、つぼみ幼稚園に5年間勤務。さまざまな経験を積みたいと考え、輸入会社のOL、幼児教育の現場などに携わる。41歳の時に人気女性雑誌『STORY』（光文社）の読者モデルになり、人気となる。大学で専門的に心理学を学びたいと考え、2005年に東洋英和女学院大学人間科学部人間科学科に編入。心理学を中心に学び、2007年に卒業。幼児教育の塾を主宰し、モデル、テレビコメンテーターなど幅広く活躍。日本心理学会会員、NPO日本教育カウンセラー協会会員、認定教育カウンセラー。著書に『大人キュートの作り方』（KKベストセラーズ）、『幸福の基準　人生を後悔しないための50の扉』（講談社）などがある。

キレイの継続　年齢であきらめない！　ココロとカラダの作り方

2011年11月3日発行［初版第1刷発行］

著　　者　冨田リカ
発 行 者　藤木健太郎
発 行 所　清流出版株式会社
東京都千代田区神田神保町 3-7-1 〒 101-0051
電話 03（3288）5405
振替 00130-0-770500
（編集担当　古満　温）
装丁・本文デザイン／静野あゆみ（ハリロンデザイン）
帯写真提供／楠　聖子
イラスト／池畠裕美
印刷・製本　株式会社シナノ　パブリッシング　プレス

乱丁・落丁本はお取り替え致します。
ISBN 978-4-86029-367-3　C0095
http://www.seiryupub.co.jp/